Anselm Grün

Aceptar la duda

La crisis como señal de progreso

Traducción del alemán de Francisco García Lorenzana

Título original: DEN ZWEIFEL UMARMEN

© 2019 by Kösel-Verlag, München,
in der Verlagsgruppe Random House GmbH,
München and Vier-Türme Verlag, 97359 Münsterschwarzach

© 2020 by Editorial Kairós, S.A.
Numancia 117-121, 08029 Barcelona, España
www.editorialkairos.com

© de la traducción del alemán al castellano: Francisco García Lorenzana
Revisión de Amelia Padilla

Fotocomposición: Moelmo, S.C.P. 08009 Barcelona
Diseño cubierta: Katrien Van Steen
Impresión y encuadernación: Romanyà-Valls. 08786 Capellades

Primera edición: Enero 2021
ISBN: 978-84-9988-840-8
Depósito legal: B 193-2021

Este libro ha sido impreso con papel certificado FSC, proviene de fuentes
respetuosas con la sociedad y el medio ambiente y cuenta con los
requisitos necesarios para ser considerado un «libro amigo de los bosques».

Sumario

Introducción

A veces, algunas personas se acusan durante la confesión: «He dudado de Dios», o «He dudado de la fe». Consideran que la duda es un pecado; sin embargo, la duda pertenece a la esencia de la fe. La duda fortalecerá la fe y la cuestionará para que siempre nos volvamos a preguntar ¿qué creo realmente? ¿Qué significa que Dios existe, que Cristo resucitó, y que fuimos salvados por Él? ¿Qué significa para mí la vida eterna? Como las personas no pueden conocer la verdadera naturaleza de Dios, la duda es una compañera imprescindible en el intento de comprender cada vez más y mejor este misterio.

Ahora bien, existe asimismo la duda que lo pone todo en duda no para profundizar en la fe, sino para mantenerla bien alejada. Se duda de todo para mantener una distancia con todo lo que pueda tener relación con la fe, con el objetivo de vivir sin obligaciones. Esta duda no se aplica solo a la fe, sino a cualquier conocimiento. La filosofía la designa como la *duda absoluta*. Esta duda conduce al escepticismo. Niega todo conocimiento y es el fundamento de la inacción. El escéptico siempre guarda las distancias con todo. Sus acciones no se basan en la fe ni en el conocimiento, ni siquiera en la responsabilidad. Siempre es un espectador.

La filosofía también reconoce la duda existencial, que duda del sentido del destino. Esta duda conduce a la desesperación que en la tradición espiritual equivale a un pecado. La palabra alemana «Ver-zweiflung» tiene el significado de la duda radical, que nos arrebata los cimientos de nuestro ser y las raíces de nuestra existencia.*

La duda no aparece solo en el ámbito de la fe, sino también en el de las relaciones personales. Cuando una persona se enamora, siempre tiene la duda de si la otra persona es la más adecuada para él. Y aunque se una a esa persona en matrimonio, siempre tendrá sus dudas. Y también existe la duda como motivación para la investigación. Así un proverbio iraní dice: «La duda es la llave del conocimiento». La duda nos obliga a investigar en profundidad lo que nos parece dudoso. Esta duda se conoce como *duda metódica*; sirve para profundizar cada vez más en el conocimiento. Pero también existe la duda moral, que niega todas las normas morales y conduce al relativismo.

---

* *Verzweiflung* se traduce habitualmente por «desesperación», que deriva del latín *desperatio* y no tiene la connotación de «duda radical» que tiene la palabra alemana, cuya etimología deriva de *Zweifel*, que significa «duda». *(N. del T.)*.

La palabra alemana «Zweifel» [duda] deriva del número «zwei» [dos] y de «falten» [doblar/plegar]. Algo que está doblado dos veces. Por eso «Zweifel» significa «una doble incertidumbre». Si reflexionamos sobre la palabra «Zweifel», llegamos a una experiencia esencial de la humanidad. Aprendemos que todo está emparejado: existen la luz y las tinieblas, el cielo y la tierra, el hombre y la mujer, la fe y la incredulidad. En la vida existe la dualidad; y al mismo tiempo ansiamos la unidad, ansiamos ser uno. Esta ansia, sobre todo, fue muy fuerte en los griegos. Así, la duda nos conduce a la esencia de nuestra existencia humana. Como personas somos alma y cuerpo, espíritu y materia, hombre y mujer. En nosotros siempre tenemos dos polos. Pero a pesar de eso, ansiamos ser uno, llegar a un acuerdo con nosotros mismos. No obstante, este camino hacia la unidad pasa siempre por la dualidad, por la duplicidad. Por eso en la persona no existe solo la experiencia de la duda y de la incertidumbre, sino también el ansia de unidad y certeza. Precisamente, en nuestro mundo plural, que ofrece tantas posibilidades de pecar, que confunden a las personas, estas ansían un descanso, ansían claridad, seguridad en lo que creen y en su modo de vida.

Por este motivo, no quiero reflexionar solo sobre la duda y la desesperación, sino también sobre la experiencia de la certeza, sobre la experiencia de que hay algo que sabemos con toda seguridad, que conocemos con toda claridad. La certeza puede ser una experiencia espiritual, como la que vivió Pascal durante la noche del 23 de noviembre de 1654. En ella, Pascal experimentó la presencia de Dios como certeza y alegría. Reflejó esta experiencia en su famoso *Memorial*: «Fuego. Dios de Abraham, Dios de Isaac, Dios de Jacob, no de los filósofos ni de los sabios. Certeza, certeza, sentimientos: alegría, paz. Dios de Jesucristo». Estas experiencias de la certeza son experiencias de la Gracia. En esos instantes desaparece la duda. De repente todo está claro. Así sentimos una seguridad interior: esto es la verdad. Sobre ella podemos construir. Todos ansiamos este tipo de experiencias.

Pero no existe solo este tipo de experiencias místicas de una certeza profunda. También hay personas que están seguras de su fe. No la ponen en cuestión. No son rígidos y tercos. Irradian una certeza natural. Estas personas están dotadas de una confianza profunda en la vida y de un anclaje muy firme en Dios. Han podido crecer a partir de las exigencias de la vida porque se yerguen sobre un terreno firme. Todos ansiamos este tipo de certeza, ansiamos una fe a la que nos podamos aferrar, como nos desea Pablo: «Manteneos despiertos y firmes en la fe: tened mucho valor y firmeza» (1 Cor 16:13). Siempre que aparece la duda y la incertidumbre en nuestra vida ansiamos tener algún tipo de fe, como se describe en la Epístola a los Hebreos: «Tener fe es tener la plena seguridad de recibir lo que se espera; es estar convencidos de la realidad de cosas que no vemos» (Heb 11:1). En medio de la inseguridad y de la incertidumbre que nos rodea por todas partes, necesitamos un fundamento seguro sobre el que permanecer.

Por eso, en este libro quiero reflexionar sobre cómo se relacio-
nan la fe y la duda, cómo la duda y el ansia de certeza se re-
fuerzan mutuamente, qué papel desempeña la duda en nuestra vida, cómo la duda refuerza la fe y el conocimiento y cómo
la duda nos impide vivir y creer, y cómo podemos superar la
desesperación que a veces nos asalta.

1. Duda y conocimiento

Algunos dicen que el asombro es el principio de la filosofía. Otros consideran que empieza con la duda, porque la duda nos obliga a reflexionar más sobre la vida, sobre la humanidad y sobre Dios. Eso creía el filósofo y teólogo medieval Abelardo: «A través de la duda llegamos a la investigación; y a través de la investigación alcanzamos la verdad». Para Abelardo era necesario poner en duda todos los fundamentos filosóficos y también todas las afirmaciones de la fe, para conocer mejor cuál es la verdad esencial. En el proceso de investigación conseguimos saber qué significan realmente las afirmaciones de la fe. Sencillamente tener por ciertas las palabras, sin analizarlas, va en contra de la dignidad del espíritu humano. Así desarrolló Abelardo el método del *Sic et Non*, para conocer la verdad a través de las dudas.

La filosofía distingue diferentes formas de duda. Existe la duda sobre la claridad de una afirmación; también se puede dudar de una afirmación. La segunda forma es la duda sobre el valor de una acción (duda de su calidad moral), y la tercera forma es la duda sobre el sentido y el objetivo de la vida humana (duda de la trascendencia existencial) (*cf.* Beiner, «Zweifel» en TRE 767). La duda procede del «sentido ambiguo». Todo también puede tener un sentido doble. Por eso podemos dudar siempre de una afirmación; siempre podría existir una afirmación que se ajustase mejor a los hechos.

Uno de los filósofos que elevó la duda a principio metodológico fue René Descartes. A partir de la duda sobre todas las afirmaciones establece un punto de partida firme e inamovible, «del que ya no se puede dudar». Su famosa sentencia dice: «*Cogito ergo sum*. Pienso, luego existo». Melanie Beiner lo explica de la siguiente manera: «La duda como acto del pensamiento puede poner en cuestión cualquier contenido del pensamiento, pero no la acción de pensar en sí mismo» (*Ibídem*, 769). Descartes considera como verdadero lo que «puedo comprender de manera clara y manifiesta». Con ello, la «seguridad en sí mismo del sujeto pensante se convierte en el fundamento indudable de todo conocimiento» (*Ibídem*, 769). Eso ya lo había planteado de manera similar san Agustín mucho antes que Descartes. Este considera que la duda viene acompañada de condiciones de las que no se puede dudar. Por eso dice Agustín: «El hecho de vivir, de recordar, de querer, de pensar, de saber y de juzgar: ¿quién duda de eso? [...] Quien dude de todo lo demás nunca puede dudar de estas cosas. Porque si no fueran firmes, le sería imposible dudar» (*Ibídem*, 768: Agustín, *De Trinitate* X, 1914).

El filósofo social alemán Max Weber considera que «la duda más radical es la madre del conocimiento». Cuando dudamos de algo, nos implicamos y queremos saber más y mejor de lo que se trata. Así, la duda es el motor no solo de la filosofía, sino también de las ciencias naturales. Cada experimento de las ciencias naturales parte de la duda sobre los conocimientos existentes en cada momento. Dudamos de los resultados conseguidos hasta ahora y queremos analizar con más precisión lo que constituye la realidad. Los físicos Heisenberg y Pauli empezaron a dudar, a través de sus experimentos, acerca de que la física que aprendieron de Newton fuera correcta; así desarrollaron una física nueva: la física cuántica. Pero también en este ámbito se plantean dudas, que obligan al investigador de la naturaleza a analizar con mayor exactitud la naturaleza y sus leyes.

Un proverbio de la India lo expresa de una manera muy hermosa: «La duda es la sala de espera del conocimiento». La duda no se conforma con los conocimientos que existen en este momento. Quiere saber más. Así que la duda es como un motor que ha impulsado a filósofos, teólogos y científicos a seguir investigando. Sin la duda no habríamos alcanzado nunca el nivel actual de nuestros conocimientos.

El investigador científico empieza poniendo en duda los resultados que se han alcanzado en la investigación hasta el momento: ¿es esta la última verdad? ¿O solo hemos analizado la superficie? La duda obliga al científico a realizar experimentos para confirmar lo aprendido hasta ahora, o para ponerlo en duda. A partir de aquí, la duda obliga a investigar las cosas con mayor profundidad hasta que el científico se da por satisfecho. Pero esta satisfacción no es nunca una satisfacción definitiva. Por eso el investigador siempre irá poniendo en duda lo aprendido hasta el momento para explorar con mayor precisión la realidad.

Uno de los mayores escépticos entre los filósofos fue E.M. Cioran, que era originario de Rumanía, estudió filosofía en Berlín y después vivió en Francia. Según él, Friedrich Nietzsche no fue suficientemente radical. Cioran duda de todo, también del sentido de la vida. Pero una cosa de la que no duda es del poder de la música. Así escribe en un aforismo: «La duda aparece en todas partes, con una excepción remarcable: no existe una música escéptica» (Cioran, *Werke*, 1976). Y en otro aforismo dice: «A excepción de la música, todo es un engaño, incluso la soledad, incluso el éxtasis» (1924). Y cuando una vez escuchó *El arte de la fuga* tocado al órgano en la iglesia de Saint-Séverin, no dejaba de repetirse: «Esta es la refutación de todas mis maldiciones» (*Ibídem*, 1921).

¿Cómo te ha ayudado la duda a conseguir conocimientos nuevos? ¿Sabes dudar de las cosas que aparecen publicadas en los diarios? ¿Aceptas los resultados de las diferentes investigaciones actuales, por ejemplo, en el campo de la alimentación sana? ¿Qué ocurriría si aceptaras todo lo que te presentan como resultado de diferentes investigaciones? Existen muchas propuestas diferentes de cómo nos tendríamos que alimentar. Si lo aceptases todo sin reflexionar, tendrías que cambiar cada año de tipo de alimentación. Pero, ¿cómo te ayuda la duda a encontrar el camino correcto para ti y para tu alimentación? Verás que la duda te obligará, a pesar de todo, a decidirte por un camino para tu alimentación y tu forma de vivir. Está claro que en ello no te pueden ayudar los resultados de las diferentes investigaciones, que con frecuencia han sido encargadas por grupos de interés. Pero ayuda a que tu propio sentido encuentre entre todas las ofertas la que se ajusta más a tu forma de ser.

¿Cuál es para ti el punto del que no se puede dudar? Para Descartes es el *cogito ergo sum*. ¿Cómo definirías el terreno sobre el que te encuentras y del que no dudas? ¿Se trata de la música como para Cioran? ¿O sientes una certeza interior en la fe cuando asistes al culto divino?

Reflexiona sobre cómo la duda te ha llevado a conseguir conocimientos nuevos. ¿Cómo utilizaste la duda para aprender la verdad?

Conoces la duda filosófica de los niños. Los niños lo preguntan todo: ¿por qué esto es así? Los niños dudan de todo. No se conforman con las respuestas convencionales. Quieren que a través de la duda los adultos se vean obligados a explicarles con mayor precisión qué es correcto, y a partir de ahí podrán avanzar. ¿Cómo respondes ante las dudas de tus hijos? ¿Respondes a sus preguntas, o las pasas por alto como si no tuvieran sentido? Harías bien en plantearte las dudas de los niños. Eso te brinda mayor claridad sobre ti mismo y sobre tu camino, y sobre todo aquello de lo que hasta ahora no has dudado, sino que lo has aceptado sin cuestionártelo.

2. La duda en las relaciones personales

Escucho con frecuencia, en diferentes conversaciones: «No sé si estamos hechos el uno para el otro. Dudo sobre si mi amiga/amigo es la pareja ideal para mí, sobre si juntos seremos realmente felices». Toda relación implica una duda. Debo tomar en serio la duda y no pasarla por alto. Ahora bien, me debo preguntar si la duda está diciendo algo sobre mí, sobre mi inseguridad para entregarme a otra persona, sobre mis expectativas demasiado elevadas, que ansían encontrar el compañero perfecto o la compañera perfecta. En este punto, la duda es una invitación para despedirse de las expectativas demasiado elevadas puestas en la persona con la que me quiero casar. En este caso, la duda me obliga a contemplar a dicha persona de manera realista y aceptarla tal como es. Este tipo de duda no duda de la persona en sí, sino solo de si se ajusta a las ilusiones que me he hecho sobre ella.

Pero también me tengo que plantear si la duda me está dando una información importante sobre dicha persona. En este

caso, la duda me obliga a contemplar con mayor profundidad
a la persona. ¿Qué es lo que me hace dudar de ella? ¿Tengo
la sensación de que hay algo que no encaja en ella? ¿O irra-
dia algo que me hace dudar de que sea sincera, de que vaya
a ser fiel, de si puedo entregarme a ella? ¿Su imagen exterior se corresponde con su verdadero ser? ¿Sus palabras con-
cuerdan en todo con lo que transmite desde su interior? Esta
duda me obliga a comprobar la confianza. Observo si el amigo guarda el secreto de lo que le explico. Si le dice a los demás lo que le he explicado en confianza, entonces mi duda
se verá reforzada. En consecuencia, no le confiaré nada más
que sea personal. También compruebo la confianza de otra
manera. Analizo mis sensaciones cuando estoy con él. ¿Me
siento bien, seguro, acogido? ¿O me surgen dudas de que todo
eso solo sea un espejismo, de que nuestro amor pueda perdu-
rar? También puedo ir observando de vez en cuando si nuestro amor y nuestra confianza crecen, o si la duda se vuelve
más fuerte.

También existe otro tipo de duda sobre la pareja. Siento que
mi pareja no encaja bien conmigo. No obstante, ahogo la
duda con argumentos, como: «Nos conocemos desde hace
tanto tiempo. No vale la pena ponerse a buscar otra pareja. No
tengo ninguna garantía de encontrar a alguien mejor». Cuando le pregunto a los miembros de un matrimonio después de
la separación si tuvieron dudas sobre su pareja al conocerse
y al principio de su relación, la mayoría reconocen que las

tuvieron, pero no quisieron dar espacio a la duda. Estaban contentos de haber encontrado a alguien con quien se entendían. No se puede dar por supuesto que se va a encontrar una buena pareja. Por eso se acalla la duda con argumentos racionales: «Los defectos del otro no son tan graves», o «Cambiará gracias a mi amor». Una mujer me explicó que tenía dudas de que su pareja bebiera demasiado alcohol y que se pudiera convertir en un alcohólico, pero obvió esa duda. Creía que a través de su amor podría solucionar el problema de su marido. Se había sobrevalorado. No tomó en serio sus dudas y su relación fracasó.

Otra mujer consideraba imprescindible casarse con un hombre creyente. En un grupo de oración conoció a un hombre que era muy devoto. Se hicieron amigos; sin embargo, cuanto más lo conocía, más sentía que no tenía solo un lado devoto, sino que detrás de la fachada de devoción albergaba rasgos de inmadurez, egocentrismo y narcisismo. Ahora bien, creía que la fe lo cambiaría todo, así que dejó de lado sus dudas. Pero en algún momento se tuvo que decir: «No puedo vivir con este hombre. La devoción por sí sola no es suficiente. Sí, la devoción de mi marido solo oculta una personalidad narcisista. Se esconde detrás de su devoción, de manera que realmente no puedo tomar en serio al hombre que hay detrás». Así supo que no era posible tener una relación con dicho hombre. Esto la llevó a tomar sus dudas mucho más en serio. Con frecuencia, la duda es una información importante sobre la persona de la que dudo. Debo tomar en serio las dudas, sin entregarme a ellas. Debo hablar con las dudas para encontrar claridad.

Y también durante la relación pueden aparecer las dudas en uno de los dos: ¿es realmente fiel? ¿Estamos hechos el uno para el otro? Estas dudas que surgen durante la relación se deben tomar en serio. Entonces, también tengo que analizar mis dudas y preguntarme si la duda surge solo de mis ansias de perfección, o si indica algo quebradizo en la relación. En ese caso sigo teniendo la libertad de cómo reacciono ante dicha duda, si rebajo mis elevadas expectativas, o si le explico mis dudas al otro para hablar con él sobre lo que me parece que no va bien y lo que me plantea dudas. En este caso, una conversación sincera puede conducir a una confianza renovada y a una calidad nueva en la relación.

Con frecuencia, las dudas no se basan en el comportamiento del otro. Se trata sencillamente de dudas existenciales que son solo mías y que aparecen sobre todo en mí. En ese caso, sería conveniente tomarse en serio las dudas y pedir la bendición de Dios para nuestra relación. A veces, las dudas sobre la relación son realmente dudas sobre mi vida en general. No sé si lo que estoy viviendo es lo correcto. No estoy seguro. Esta inseguridad nos pertenece. La tenemos que afrontar y decirnos: «Nunca tendremos la certeza absoluta. Confío en que Dios bendiga mi vida y mi relación». Así, las dudas son siempre una invitación a confiar en Dios y, de esta manera, también en la relación.

Las dudas en las relaciones tienen también otra función. Un proverbio español dice: «No acuses si tienes dudas». A veces acusamos a nuestra pareja de que no ha sido fiel, o de que ha hecho esto o aquello, o que no lo ha hecho. En ese caso es de ayuda el refrán español. Mientras no estemos seguros, mientras dudemos de lo que sabemos, no deberíamos acusar o responsabilizar a nuestra pareja. La duda nos tiene que contener e invitar a investigar más a fondo si nuestra duda se ajusta verdaderamente a la realidad. Debemos tener cuidado con nuestras suposiciones.

Existen matrimonios que no dudan en absoluto de su pareja, pero que, a pesar de ello, acaban decepcionados. Una mujer me explicó: «Siempre he confiado en mi marido. Estaba segura de que me era fiel. No lo dudé nunca. Y de repente tuve que reconocer que tenía una amiga con la que había iniciado una relación sexual». Está bien que en una pareja las dos partes confíen incondicionalmente el uno en el otro. No sería bueno para ninguno de los dos poner continuamente en duda la fidelidad del otro. Pero también es cierto que no nos deberíamos sentir demasiado seguros en una relación. Una pequeña duda me podría impulsar a prestarle más atención a mi pareja. Una pequeña duda puede mantener la chispa en una pareja.

Siéntate en silencio e imagínate a tu compañero, a tu compañera, a tu amigo, a tu amiga. ¿Confías totalmente en él/ella? ¿Puedes confiar en cualquier caso? ¿En qué momento aparecen las dudas? Analiza esta duda con mayor detenimiento, habla con las dudas. No las reprimas. Déjalas aparecer. Pero intenta profundizar en la duda. ¿Son solo las dudas existenciales, las que proceden de nosotros mismos y tenemos sobre todos los demás porque nunca tenemos la certeza absoluta sobre nosotros y sobre los demás? ¿O se trata de dudas muy personales sobre tu pareja? En ese caso imagínate que sí, que tienes esas dudas. Pero ¿qué experiencias de fidelidad, de fiabilidad, de claridad, de amor has tenido con él/ella? Habla con tu pareja de tus dudas y sobre la confianza que le tienes. Si habláis abiertamente sobre las dudas mutuas y sobre el ansia de confiar el uno en el otro, entonces se pueden resolver las dudas y puedes lograr una nueva certeza en la relación.

Al final de todas las conversaciones con tu pareja y al final de tus reflexiones y de todas las sensaciones que surgen en ti, te tendrás que decidir. ¿Puedo tomar partido en cuerpo y alma por mi compañero, mi compañera? Si tomas una decisión clara, será de ayuda para superar las dudas y para reforzar la confianza en el otro. La decisión te libera de las cavilaciones constantes sobre tus dudas. Te has enfrentado a las dudas y no las has dejado de lado, pero ahora te decides por tu pareja y dejas atrás las dudas. Cuando se analizan a fondo las dudas y se habla con la pareja, entonces se pueden obviar las dudas si vuelven a aparecer. Después de la decisión, no podemos evitar que las dudas vuelvan a aparecer. Entonces tenemos que decir: «Basta. He tomado una decisión. Me niego a que las dudas debiliten constantemente mi decisión a favor de mi pareja».

3. Dudar de la capacidad de los empleados

En los seminarios de dirección oigo con frecuencia: «Dudo de que mi empleado consiga completar la tarea. Ha empezado bien con el trabajo, pero ahora resulta que es demasiado lento, que olvida demasiadas cosas. Está inseguro y pregunta por cualquier minucia, aunque ha realizado con frecuencia la misma tarea. Dudo de si debo seguir apoyándolo y formándolo. ¿Puede dar más de sí? ¿O sería mejor separarme de él?». La duda muestra que siempre existen dos posibilidades: formar al otro para que pueda desarrollar las habilidades que necesita para su trabajo, o llegar a la conclusión de que el trabajo lo supera y que es necesario dejarlo de lado o darle otro trabajo en la empresa. En este caso, la duda vuelve sobre mí. Yo dudo de cuál de las alternativas es la mejor; y en algún momento me tengo que decidir. Ahora bien, mientras la duda sea demasiado fuerte, no debo tomar ninguna decisión, sino esperar hasta que lo tenga más claro.

Otra duda afecta más al empleado. Le he confiado una tarea de dirección porque hasta el momento siempre ha trabajado bien en la empresa. Pero ahora tengo dudas sobre si está realmente capacitado para realizar esta tarea de dirección. Sé que con frecuencia reacciona de manera agresiva. He recibido quejas de sus subordinados, que se me han quejado de que su jefe de departamento nunca toma decisiones, que se aparta de los conflictos. Cuando le encargué la tarea de dirección confiaba en él: «Lo hará bien». Ahora tengo dudas de si tiene realmente las habilidades necesarias para dirigir. Hablando con el jefe que tiene dudas sobre las capacidades de dirección de su empleado, le dije que no podía obviar esta duda. La primera obligación es hablar con el interesado. No le diría de entrada que dudo de su capacidad de dirección. Le preguntaría: ¿cómo se siente con su tarea de dirección? ¿Cómo le va con el trabajo? Quizá sea él mismo quien le explique sus dificultades y limitaciones. Entonces puedo analizar con él qué le podría ayudar, cuál es la ayuda que necesita. Quizá debería asistir a un seminario de dirección. Quizá tendría que comunicarse mejor con sus subordinados. Pero si opina que todo va de maravilla, entonces le tendría que señalar los defectos que he detectado, o referirle las experiencias que le han explicado sus subordinados. Este sería el primer paso para apoyar y formar al empleado. Solo si todos los intentos por apoyarle no tuvieran un efecto positivo, entonces habría que considerar si no sería mejor que dicha persona se encargase de otra tarea.

La duda sobre los empleados nos obliga a ocuparnos con mayor intensidad de ese empleado concreto y hablar con él sobre su situación. El primer paso tiene que ser siempre el de formarlo y apoyarlo para que pueda crecer. Solo si crecen las dudas y me doy cuenta de que el empleado no desarrolla ninguna capacidad, que está estancado, entonces habrá que pensar en otras medidas: o encargarle de otras tareas, o despedirlo. Pero este despido no debe herir al otro. Solo puedo despedir a un empleado si le transmito la esperanza de que puede encontrar su camino en otro sitio, donde pueda aplicar mejor las capacidades que posee.

Me encuentro una y otra vez con empresarios que prefieren obviar las dudas sobre sus empleados. Prefieren cerrar los ojos antes que afrontar el problema. Pero también existe otro tipo de jefes que, por sistema, dudan de todos los empleados. Estos jefes se tendrían que preguntar si no sienten una desconfianza profunda hacia todas las personas. Su obligación sería creer en los empleados y, a través de la fe en el núcleo positivo de sus empleados, despertar las capacidades que albergan. En cualquier caso, la duda siempre nos sitúa ante la obligación de resolver un problema: ya sea el problema de la desconfianza a actuar, o el de encontrar las vías de solución para el empleado.

Una mujer dirigía una empresa con un socio, pero siempre tenía conflictos y problemas con él. Creía que, como cristiana, debía resolver estos problemas. Simplemente debía confiar más en él. Ahora bien, no se disiparon las dudas de si realmente iba a ser posible seguir trabajando juntos. Le aconsejé que rezase por este hombre. Cuando llevaba un par de minutos rezando por él sintió un malestar en el estómago. Al comentarlo tuvo claro que debía separarse de él. La oración, que en realidad debía mejorar la relación, le dejó claro que la esperanza en una mejora era una ilusión. El rezo le mostró que su duda era correcta, y así encontró la claridad interior para separarse de ese hombre.

Si dudas de las capacidades de un empleado, siéntate con toda tranquilidad y medita profundamente sobre dicha persona. ¿Qué le mueve? ¿Qué le oprime? ¿Por qué padece? ¿Qué desea? ¿Qué le impide desarrollar lo que hay en él? ¿Y cómo encuentro la llave para alcanzar su interior más profundo, donde se encuentran sus capacidades y fortalezas? ¿Qué le podría ayudar? ¿Qué le resultaría positivo? ¿Cómo puede encontrar esta persona su camino en la vida? A continuación bendice a ese empleado. Imagínate que la bendición sale de tus manos y fluye hacia ese empleado y lo atraviesa, de manera que él pueda entrar en contacto consigo mismo. Tu bendición no debe cambiar a tu empleado, sino atravesarlo para que entre en consonancia consigo mismo, para que sea totalmente él mismo. Tras esta bendición puedes profundizar en ti mismo. ¿Tu bendición te muestra que el empleado lo puede hacer bien? ¿O la bendición te muestra que te deberías separar de él porque le iría mejor en otro sitio, donde podría desarrollarse mejor en otra empresa o en otro puesto?

4. Dudar de uno mismo

En una relación no existe solo la duda sobre el otro, sino la duda sobre uno mismo. Dudo de que sea capaz de mantener una relación. Dudo de que sea la pareja perfecta para el otro o la otra. Y sobre todo dudo de mí, no solo en cuanto a mi relación sentimental. Dudo de si seré capaz de tener la vida que quiero, de si soy lo suficientemente inteligente para imponerme en la vida. Dudo de todo en mí. Con frecuencia tenemos un juez en nuestro interior —Sigmund Freud lo llama el superego— que continuamente nos pone en duda y nos quita valor. Eso nos causa inseguridad. Entonces no podemos decir: ¿esta voz interior es mi conciencia? ¿O se corresponde con el superego, con el juicio de los padres, que hemos interiorizado en nuestro superego?

Las personas que dudan de sí mismas no confían en que puedan hacer nada, y con frecuencia son pasivas cuando se trata de asumir la responsabilidad de su propia vida. Desperdician la vida porque quedan ancladas en la duda. La duda les impide mantener una relación. La duda les impide presentarse a un puesto laboral; consideran que no son lo suficientemente bue-

nos para la tarea, que hay otros que son mejores. Así, dudar de
mí mismo me puede alejar de la vida.

A veces consigo ver en diferentes conversaciones lo fundamental que puede llegar a ser la duda en uno mismo. Una mujer me explicaba que de pequeña siempre dudó de si era realmente hija de sus padres, o si había llegado a la familia desde
fuera. Una duda tan fundamental provoca inseguridad en las
personas. No estar seguro de los orígenes. Dudar de si sus padres son realmente sus padres biológicos. Con frecuencia no
se consigue averiguar de dónde viene esta duda. Posiblemente sea una inseguridad fundamental sobre la propia identidad.
Y esta inseguridad se manifiesta en dudas concretas sobre las
capacidades propias y para seguir con la propia vida.

La duda de la niña de si es realmente hija de sus padres se presenta con frecuencia en una fase concreta de la vida. En la pubertad se duda de la propia identidad: ¿Quién soy? Se siente
que la vieja identidad se desmorona. Y no podemos decir quién
somos realmente. Pero la duda sobre uno mismo es al mismo
tiempo un desafío para preocuparse por la propia identidad.
Estas dudas sobre la identidad vuelven a aparecer con frecuencia entre los 18 y los 24 años. Hasta entonces hemos estado
en casa, posiblemente en el instituto. Ahora estudiamos en un
lugar extraño. No conocemos el entorno, dudamos de nosotros
mismos. Hasta ahora todo ha ido bien. Ahora tenemos dudas
de que vayamos a superar los estudios, sobre si hemos elegido

el campo de estudio correcto. Estas dudas sobre la identidad pueden conducir con frecuencia, en esta edad, a fases depresivas. Unas dudas similares aparecen hacia la mitad de la vida. Nos preguntamos: ¿esto ha sido todo lo que he podido hacer hasta ahora? ¿Cómo voy a seguir? ¿Quién soy en realidad? ¿Solo soy el hombre de éxito, la madre feliz? ¿Cuál es mi verdadera identidad?

Otras dudas se refieren al amor de los padres. Los niños dudan del amor de los padres. Precisamente, cuando se les regaña, o cuando se les trata con rudeza, cuando los padres se burlan de ellos, en ese momento dudan sobre si los padres los quieren realmente, o si solo son una carga para sus padres. Las dudas sobre el amor de los padres conducen también a dudar del valor de uno mismo. Dudo de que valga la pena que nadie me quiera, que sea lo suficientemente valioso para que me quieran mis padres. Y a continuación estas dudas se convierten en dudas sobre si quien se acerca a mí es sincero, o si solo es amistoso porque quiere algo de mí.

La duda acerca de uno mismo puede ser insoportable. Se duda de todo. La duda acerca de uno mismo impide cualquier tipo de autoconfianza. Por las noches no se puede descansar porque se duda sistemáticamente de todo lo que se ha hecho o dicho. Todo se pone en cuestión: «No ha estado bien. ¿Qué piensan los demás de mí? ¿Cómo puedo hablar de manera tan risible, cómo me puedo comportar de manera tan rara?». La duda sobre uno mismo se convierte en una acusación y en una desvalorización de uno mismo.

Hace poco me explicaba una mujer que tiene muchas dudas sobre sí misma. Duda sobre si es una buena madre, si ha educado bien a sus hijos. En cuanto los niños pasan una fase difícil, se tortura con dudas sobre sí misma: «¿Qué he hecho mal? ¿Tengo la culpa de que los niños no se estén desarrollando como me hubiese gustado? ¿He transmitido a mis hijos las dudas sobre mí misma, de manera que ahora no pueden desarrollar una confianza en sí mismos?». También tenía constantemente dudas sobre sí misma en la empresa en la que trabajaba: «¿Hago bien mi trabajo? ¿Mi jefe está contento conmigo? ¿No lo habría podido hacer mejor?». Estas dudas sobre sí misma le consumen gran cantidad de energía, de manera que no puede hacer el trabajo con tranquilidad. Le acompaña constantemente esta crítica interior que duda de todo lo que es, de todo lo que hace, pero también de todo lo que piensa. Se pregunta siempre: «¿Rijo bien? ¿Mis pensamientos son cómicos o quizás enfermizos?». Le resulta difícil encontrarse con otras personas. Duda sobre si los otros la quieren, o si se va a comportar correctamente con ellos. Estas dudas sobre sí misma le provocan una profunda inseguridad. Padece por ello, pero no puede superar las dudas sobre sí misma.

Cuando se pregunta acerca de la causa última de las dudas sobre uno mismo, con frecuencia se tropieza con las dudas de los padres sobre sus hijos. A menudo, los padres critican continuamente a los niños: «Eres lento. No lo puedes hacer. Eres un fracasado. Otros de tu misma edad hace tiempo que lo saben hacer. Siempre lo haces mal». Estas frases de los padres son una muestra de sus dudas sobre sus hijos. Aunque haga tiempo que murieron los padres, estas palabras siguen presentes en el interior; se han convertido en las palabras del superego. A pesar de que como adultos sabemos que en estas dudas sobre nosotros mismos se manifiestan, en última instancia, las dudas de nuestros padres, nos resulta muy difícil deshacernos de ellas. Este discernimiento por sí solo no disuelve este tipo de dudas. Es necesario una práctica muy larga para disolver este patrón tan antiguo y confiar cada vez más en nosotros mismos.

Toma asiento en soledad y escucha en tu interior. Deja surgir todas las dudas que aparecen de manera espontánea. Analiza cada duda y después responde a cada duda que surge en ti: «Soy yo mismo». Dedica 20 minutos a estar sentado y meditar solo sobre la frase «Soy yo mismo». Se trata de las palabras que Jesús pronunció tras su resurrección ante los apóstoles cuando dudaron de que fuera realmente el Jesús al que habían conocido y que había muerto en la cruz. La frase griega *ego eimi autos* tiene un significado especial en la filosofía estoica. «Autos» hace referencia al santuario interior en el que encontramos al yo original y genuino. Así, ante cualquier pensamiento y duda que surja en ti, pronuncia siempre estas palabras: soy yo mismo. Entonces, las dudas se empezarán a relativizar. No tiene ninguna importancia si has cumplido todas las expectativas de tus padres y tus propios deseos. No es importante si tus padres te quisieron de verdad. No tienes que demostrar nada. Simplemente puedes ser, sin justificarte, sin tener que demostrar nada. Si te repites continuamente estas palabras, las dudas se acallarán. Ya no son importantes. Te sientes a ti mismo, tu verdadero ser que nadie puede empequeñecer a través de sus dudas y que tú tampoco puedes disolver a través de las dudas sobre ti mismo.

5. Duda y fe

El carmelita Reinhard Körner escribió sobre la relación entre fe y duda: la duda «corresponde a la peculiaridad de Dios y a sus misterios, que son siempre mayores de los que se pueden imaginar y expresar. Una vida espiritual verdadera, que no busca una ideología ni una "convicción", sino la *realidad* de Dios, tiene que entrar en "crisis", al menos de vez en cuando» (Körner, *Lex Spir*, 1471). Para la teología católica, la duda forma parte esencial de la fe. En cambio, Martín Lutero ve la duda como enemiga de la fe. Identifica la duda con la incredulidad. Para Lutero, la fe es una «interiorización de la Verdad» (Beiner, TRE, 770), por eso excluye la duda. A pesar de ello, Lutero también sabe «que la vida de fe siempre está amenazada por la duda y la tentación» (*Ibídem*, 770).

El teólogo evangélico Paul Tillich ve la duda como un elemento esencial de la fe: «La distancia infinita entre Dios y el hombre no se puede superar, es idéntica a la finitud de la persona [...]. La fe no sería fe, sino unión mística, si se viera privada del elemento de la duda» (Tillich, *Sys* III, 275). Tillich señala dos caminos para convertir la duda en certeza: la ortodoxia, que en la Iglesia católica consiste en el sometimiento a la autoridad, y el pietismo, que puede obviar la posibilidad de la duda gracias a la experiencia interior. Pero las dos vías no pueden superar realmente la duda. Tampoco en la unión de la persona con Dios puede reducirse, en última instancia, la distancia entre Dios y la persona.

Pero Tillich no ve solo la base de la duda en la separación entre Dios infinito y la persona finita, sino también en la finitud de la persona. «La finitud implica la duda, porque solo el Todo es la Verdad. Pero ningún ser finito tiene la totalidad. Eso significa que confirmamos nuestra finitud cuando reconocemos que la duda pertenece a la esencia de la persona» (*Sys* II, 82). Esta duda esencial impulsa a la persona a analizar una y otra vez la realidad. De esta duda esencial, que forma parte de la esencia de la persona, diferencia Paul Tillich la duda existencial. La duda existencial es una expresión del distanciamiento de la persona del ser, de lo eterno, de Dios. «Cuando el estado de alienación destruye la unión con lo eterno, la inseguridad se vuelve absoluta y conduce a la desesperación. También la duda será absoluta e impulsa a la persona a una situación en la que se niega a aceptar ninguna verdad» (*Sys* II, 83).

Las ideas de Paul Tillich muestran que podemos considerar la duda y la fe desde diferentes puntos de vista. Podemos reflexionar sobre dicha relación desde la esencia de Dios y la esencia de la persona. Y podemos pensar sobre la duda según si la persona se ha alejado del Nuevo Ser, que apareció en Cristo, o si participa del Nuevo Ser.

Antes de reflexionar desde la perspectiva teológica sobre la duda y la fe, querría presentar algunos ejemplos bíblicos y relacionarlos con nuestra situación ante la duda y la fe.

Ejemplos bíblicos de la duda

La Biblia ya nos ofrece ejemplos suficientes de que la fe y la duda forman una pareja. La Biblia nos presenta los pilares importantes de la fe como personas que siempre dudaban. A través de la duda crecieron en su fe. Estos ejemplos nos invitan a analizar con sinceridad nuestras dudas sobre Dios y sobre la fe.

Pedro se hunde

Un ejemplo conocido sobre la duda es la historia de la tormenta en el mar. Los apóstoles se encuentran con vientos contrarios. Las olas son cada vez más grandes. Los discípulos tienen miedo a ahogarse. Entonces, a la hora de la cuarta vigilia de la noche se acercó Jesús caminando sobre las aguas. Se asustaron. Creían que Jesús era un fantasma. Pero cuando Jesús les dijo que debían confiar, Pedro recuperó el ánimo. Y le dijo a Jesús: «Señor, si eres tú, manda que vaya a ti sobre las aguas» (Mt 14,28). Jesús le anima a que vaya hacia él. Pedro baja de la barca y consigue caminar sobre las aguas. Pero entonces siente el viento y ve las grandes olas y tiene miedo, y el miedo provoca que se hunda en el agua. Grita pidiendo ayuda. Jesús lo coge de la mano y dice: «Hombre de poca fe, ¿por qué has dudado?» (Mt 14,31). Pedro está dividido entre una confianza profunda, que le permitió bajar de la barca, y el miedo y la duda. El miedo a las enormes olas le hace dudar de la instrucción de Jesús de que acudiera a él sobre las aguas. Jesús ve la razón de su duda en su falta de fe. En Marcos y Juan siempre se trata de la alternativa: fe o incredulidad. En Mateo, en cambio, se trata de la oposición entre una fe fuerte y firme y la poca fe. La poca fe conduce a la duda. La duda está unida al miedo. Pero no está claro si la duda conduce al miedo, o si el miedo provoca la duda. En cualquier caso, el miedo y la duda forman pareja. La persona miedosa duda acerca de que Dios lo pueda salvar de las aguas revueltas.

La duda hace que Pedro se hunda en el agua. Pero también aporta al mismo instante la salvación, porque Jesús en persona coge la mano del dubitativo Pedro, lo saca del agua y vuelve con él a la barca. Así, la duda es la condición para experimentar la salvación, que es lo que le sucede a Pedro. Jesús echa la culpa a la duda de Pedro, pero al mismo tiempo responde a su duda con una mano salvadora.

Si nos aplicamos esta historia, nos libera de tener una mala conciencia cuando dudamos de la ayuda de Dios. También nosotros vivimos situaciones en las que estamos con el agua al cuello. En estas situaciones experimentamos dudas y desesperación. Dudamos de si Dios nos librará realmente de ese peligro. La escena bíblica nos invita a no mirar las grandes olas y el viento contrario, que nos han puesto en peligro, sino a Jesús, que camina sobre las aguas. Pero como Pedro, estamos divididos entre la visión de Jesús y la visión de las aguas revueltas, que amenazan con ahogarnos. No debemos despreciar el peligro, sino apartar la mirada y contemplar a Jesús. Entonces transformará nuestra duda en la experiencia de la curación y la salvación.

Medita sobre la escena que nos presenta Mateo. Imagínate sentado en la barca lleno de miedo porque la embarcación se puede hundir. Entonces se acerca Jesús a la barca caminando sobre las aguas. ¿Cómo reaccionarías? Transfórmate en la figura de Pedro. Quizá también recuperes el valor para bajar de la barca e ir al encuentro de Jesús. A continuación imagínate de nuevo las grandes olas que rompen por encima de tu cabeza. ¿Cómo reaccionarías ante eso? ¿Dudarías igual que Pedro? Entonces, deja que Jesús coja tu mano y te conduzca por encima de las olas de tus inseguridades.

Toma la historia como un ejemplo para tu vida y pregúntate: «¿En qué momento de mi vida he tenido miedo de hundirme? ¿Cuándo he dudado de que pudiera cumplir con la tarea que me habían encargado? ¿Cuándo he dudado de que Dios me iba a ayudar cuando el agua me llegase al cuello?». Entonces, imagínate siempre que ante una tarea difícil, en una situación sin salida, Jesús te ofreciera la mano y te condujera a través de los miedos y las dudas para regresar a la seguridad de la barca.

Qohélet el Predicador

Un escéptico típico es Qohélet. Qohélet duda de que cualquier persona pueda ser feliz. Ve el trasfondo de las cosas. Ve que todo es solo un soplo de viento, que no queda nada. Lo cuestiona todo: la propiedad, el éxito, la vida de las personas, la sabiduría, la felicidad. Todo es solo un soplo de viento. Nada permanece realmente. Pero en medio de esta duda radical, Qohélet se aferra a la convicción de que todo ocurre por voluntad de Dios y que Dios quiere lo mejor para las personas. Ahora bien, las personas tienen que renunciar a sus ilusiones y someterse a la realidad. Qohélet duda de que los jueces sean justos. «En el lugar del juicio, solo injusticia» (Ec 3,16).

En la sección 6,11-9,6, Qohélet describe los diez temas principales para adquirir sabiduría, tal como los impartían en aquella época tanto los griegos como los judíos; y duda de todos ellos: «Estas enseñanzas suenan bien, pero están equivocadas». Incluso duda de lo más fundamental: «Mejor es la sabiduría con posesiones» (Ec 7,11). Aporta ejemplos de cómo los sabios acaban en la miseria. Por eso advierte a los lectores: «No seas sabio en exceso, ¿por qué habrás de arruinarte?» (Ec 7,16). Qohélet describe la duda sobre todos los conocimientos humanos, sobre el ansia de justicia, sobre la búsqueda de una vida piadosa. «Todo es un soplo de viento». Todo es apariencia. La persona no puede comprender la vida ni el misterio de su existencia. El único consuelo que le queda es la confianza en Dios. Solo Dios conoce el sentido de todo lo que nos parece que no tiene sentido; y solo la acción de Dios es perfecta. Toda sabiduría humana, todas las ansias humanas en última instancia solo son un soplo de viento. En el ansia de adquirir sabiduría, Qohélet considera «que el hombre, aunque ni de noche ni de día ve sueño en sus ojos, no puede captar en su totalidad la obra de Dios, que se hace bajo el sol» (Ecle. 8,16 ss.).

Pero, a pesar de todas las dudas, Qohélet está convencido de que Dios lo ha hecho todo bondadoso y hermoso. La persona no puede descifrar el misterio del mundo ni el misterio de Dios. Se tiene que conformar con vivir el instante y disfrutar de él: «¡Come tu pan con gozo y bebe tu vino con alegría!» (Ec 9,7). Y tiene que aplicar toda su energía a hacer lo que está en su

mano. Su duda no debe evitar que haga lo que exige cada instante: «¡Todo lo que viniere a tu mano para hacer, hazlo según
tus fuerzas!» (Ec 9,10). Por eso, la duda no debe alejarnos de
la vida, sino invitarnos a asumir y a sacar lo mejor de la realidad de la vida, tal como se nos ofrece.

> Como Qohélet, duda de todo. Todo es solo un soplo de
> viento. No se puede confiar en nada. Si te dejas llevar
> por esta duda radical, ¿te queda algo sobre lo que puedas
> construir? A pesar de todas las dudas, ¿también pue-
> des dar gracias por tu vida? ¿En tu vida hay alegrías por
> las que valga la pena vivir, vivir bien, vivir según los
> Mandamientos de Dios? ¿Cuál es para ti la base sobre
> la que te sientes seguro? A pesar de todas las dudas, ¿tie-
> nes la sensación de que Dios está contigo y que Dios dará
> sentido a todo lo que no entiendes y a todo lo que te pro-
> voca dudas? Por eso, intenta confiar siempre que, a pesar
> de toda la falta de sentido aparente, estás en las buenas
> manos de Dios y que no puedes caer de esas manos, y que
> en lo más profundo todo tiene un sentido.

La duda de Job

En la tradición cristiana, Job encarna a la persona paciente
y sufridora. Pero la Biblia también lo presenta como dubita-

tivo y provocador. Los amigos de Job tienen una teoría clara y firme sobre el sufrimiento: el sufrimiento es una consecuencia del pecado o de la debilidad humana. Y el sufrimiento es una herramienta de la pedagogía de Dios (*cf.* Gradl, 28). Job duda de esas tres teorías. Se defiende contra la teoría. Habla de su destino de una manera muy existencial, y está seguro de que intenta vivir con rectitud. Por eso duda de la afirmación de que el sufrimiento es siempre un castigo por el pecado.

Pero Job no duda solo de una teoría teológica, sino también de sus amigos: «Mis hermanos son traicioneros como un torrente, como corriente impetuosa» (Job 6,15). Sus hermanos no lo entienden; se refugian detrás de sus teorías. Por eso duda de que realmente quieran estar a su lado. Y Job duda de Dios y se levanta contra él: «¿Te parece bien que oprimas, que deseches la obra de tus manos, y que favorezcas los designios de los impíos?» (Job 10,3). Y Job se queja de cómo lo trata Dios: «Próspero estaba, y me desmenuzó; me arrebató por la cerviz y me despedazó; y me puso por blanco suyo» (Job 16,12).

Al final, Dios da la razón a Job. Al final, a través de sus dudas y acusaciones, ha hablado bien de Dios, mientras que los amigos de Job, a pesar de defender a Dios, no han captado la esencia de Dios. No han hablado de Dios, sino de las teorías que han elaborado sobre Dios y el sufrimiento. Pero al mismo tiempo, Dios también pone en cuestión a Job, no refutando sus palabras, sino mostrándole la grandeza y las maravillas de la

creación. Job responde al discurso de Dios, en el que Dios le
exige que contemple el trueno y el rayo, la fuerza del rino-
ceronte y la velocidad del avestruz: «He aquí que yo soy vil.
¿Qué te responderé? Mi mano pongo sobre mi boca. Una vez
hablé, mas no lo volveré a hacer» (Job 40,4 ss.). Job se siente
conmovido por la grandeza de la creación; y siente que Dios
es muy diferente a cómo lo presentan todas las representaciones y teorías humanas. El asombro ante las maravillas de la
naturaleza lo deja sin palabras. Al final, Dios reprende a los
amigos de Job y justifica a Job: «No habéis hablado de mí lo
recto, como mi siervo Job» (Job 42,7).

Identifícate con la figura de Job. Has experimentado un
gran sufrimiento. Tus amigos y conocidos te quieren
convencer de que eres el culpable de lo que te pasa, que
has vivido de manera equivocada. Te has provocado
tu enfermedad, porque no has vivido de acuerdo con tu
esencia. ¿Cómo reaccionarías ante semejantes teorías
que te presentasen tus amigos? Quizá también tienes la
sensación de que tus amigos se esconden detrás de sus
teorías, porque no están dispuestos a participar en tu
sufrimiento. Entonces, habla personalmente con Dios.
¿Qué te gustaría decirle a Dios? ¿Qué querrías saber de
él? Quizá también culpes a Dios de que te ha cargado
con demasiado sufrimiento. Dios acepta tus acusacio-

nes. Le puedes echar encima todas las sensaciones y reproches que te vengan a la cabeza. Pero entonces, imagínate el universo, la grandeza interminable del universo, el número inabarcable de estrellas y vías lácteas. Entonces, quizá te pase lo mismo que a Job, que ante esta creación infinitamente grande e impresionante te quedes sin palabras: «Sigo sin comprender por qué ha caído sobre mí este sufrimiento. Pero a la vista de este mundo infinito dejo de preguntar por las razones, me inclino ante el Dios infinito e incomprensible».

La duda en los Salmos

En muchos salmos, el salmista se queja ante Dios porque se ha apartado, o porque no le llega su ayuda. Es lo que dice el Salmo 13: «¿Hasta cuándo, Señor? ¿Me olvidarás para siempre? ¿Hasta cuándo esconderás tu rostro de mí? ¿Hasta cuándo pondré preocupaciones en mi alma, tristezas en mi corazón cada día? ¿Hasta cuándo será enaltecido mi enemigo sobre mí?» (Sal 13,2 ss.). Cuatro veces le reprocha el salmista a Dios el desconfiado «Hasta cuándo». Duda de que Dios vaya a acudir realmente en su ayuda. Lleva demasiado tiempo sufriendo y siente que Dios lo ha dejado solo. Pero después de que el salmista le haya explicado a Dios sus dudas y le haya pedido ayuda con urgencia, vuelve a recuperar la confianza:

«Mas yo en tu misericordia he confiado; mi corazón se alegrará en tu salvación» (Sal 13,5). Algo parecido expresa el salmista en muchos salmos. Duda de la ayuda de Dios, se queja ante Dios de que lo está dejando solo. Pero entonces el salmista reza para recuperar la confianza. Sabe que Dios no le va a reprochar sus dudas, sino que Dios escucha su necesidad, para ayudarlo al final y rescatarlo de la situación apurada.

Con frecuencia, las dudas acerca de Dios se las provocan otras personas, sobre todo los malvados y los enemigos. «Fueron mis lágrimas mi pan de día y de noche, mientras me dicen todos los días: ¿dónde está tu Dios?» (Sal 42,3). Estas dudas en la ayuda de Dios, que los malvados provocan en el piadoso, no dejan de tener efecto. Hacen que el piadoso también dude de la ayuda de Dios. Por eso se vuelve hacia Dios con su duda: «¿Por qué te has olvidado de mí? ¿Por qué andaré enlutado por la opresión del enemigo? Como quien hiere mis huesos, mis enemigos me afrentan, diciéndome cada día: ¿dónde está tu Dios?» (Sal 42,9 ss.). Pero al final el salmista, a pesar de todas las dudas sobre la existencia de Dios y la ayuda de Dios, puede confiar de nuevo en Dios. Se convence para volver a confiar: «Espera en Dios, porque aún he de alabarle, salvación mía y Dios mío» (Sal 42,11).

En el Salmo 88, uno de los salmos más oscuros, el salmista se queja ante Dios de que su alma está rebosante de sufrimiento y que su vida se acerca al reino de los muertos (Sal 88,3).

Y entonces, el salmista duda de que Dios obre con justicia al compensar en la vida eterna: «¿Manifestarás tus maravillas a los muertos? ¿Se levantarán los muertos para alabarte? ¿Será contada en el sepulcro tu misericordia, o tu verdad en el inframundo? ¿Serán reconocidas en las tinieblas tus maravillas, y tu justicia en la tierra del olvido» (Sal 88,10-12). Al salmista le va mal en este mundo, y duda de que se le compense en el más allá, así que al final del salmo solo puede constatar que Dios le ha privado de todos sus amigos y compañeros: «Ya solo confío en la oscuridad» (Sal 88,18). En muchos salmos, las dudas sobre Dios se difuminan a través de versículos de confianza. Pero el Salmo 88 termina con dudas. No existe nadie en quien confiar, ningún amigo, y Dios también ha dejado de ser alguien en quien confiar. Solo queda confiar en la oscuridad. Pero el salmista expresa ante Dios esta duda profunda. Y en esta expresión subsiste una chispa de esperanza de que Dios no lo va a dejar solo.

En el Salmo 79, todo el pueblo se queja ante Dios de que los paganos han invadido la herencia de Dios y han profanado el templo (Sal 79,1). Cuando contemplamos la situación de nuestra Iglesia, entonces tenemos en la punta de la lengua quejas similares; y dudamos de que Dios haya escogido a su Iglesia para hacerse visible a la humanidad en este mundo. Tenemos la impresión de que los muchos casos de abusos han profanado la Iglesia, que ha sido invadida por los enemigos. Dudamos sobre que Dios proteja esta Iglesia. Pero entonces surge la confianza, en la comunidad que ora, de que el brazo de Dios es fuerte y que mantiene viva a su Iglesia. Esto es razón suficiente para volver a alabar a Dios: «Y nosotros, pueblo tuyo, y ovejas de tu prado, te alabaremos para siempre; de generación en generación cantaremos tus alabanzas» (Sal 79,13).

Reza el Salmo 88 y el Salmo 91. En el Salmo 88 presenta ante Dios todas tus dudas, tus quejas sobre las necesidades y la angustia que te invade. Deja que con toda tranquilidad el último versículo actúe dentro de ti durante más tiempo, para que puedas sentir realmente tu abandono. A continuación reza muy despacio el Salmo 91 para que penetre en esta duda. Quizá te ayude el Salmo 91 a deshacer tus dudas y sientas de repente en tu interior una confianza profunda. Y puedes rezar lleno de confianza: «Pues a sus ángeles mandará cerca de ti, que te guarden en todos tus caminos. En las manos te llevarán. Para que tu pie no tropiece en piedra» (Sal 91,11 ss.). Si tienes un CD con el *Elías* de Mendelsohn-Barholdy, escucha el cuarteto angelical, que canta maravillosamente estos versículos. En la música encontrarás la cercanía sanadora de Dios, que disipará tus dudas.

Tomás el Escéptico

El Evangelio de Juan nos presenta al apóstol Tomás como el típico escéptico. Cuando Jesús dice de sí mismo que se va para prepararnos una morada y que los discípulos ya conocen el camino para llegar allí, Tomás replica: «Señor, no sabemos a dónde vas, ¿cómo podemos saber el camino?» (Jn 14,5). Jesús no le responde describiendo el camino, sino con las conocidas palabras: «Yo soy el camino, la verdad y la vida» (Jn 14,6). La duda de Tomás obliga a Jesús a decir algo más de sí mismo, a revelar su ser a los discípulos. Así recompensa Jesús la duda de Tomás, con una definición de sí mismo que para nosotros sigue teniendo una gran influencia en la actualidad.

El Cristo resucitado se aparece a los discípulos. Todos están muy impresionados por esta aparición. Pero Tomás duda de la afirmación de los apóstoles: «Hemos visto al Señor» (Jn 20,25). A él le gustaría ver la señal de los clavos en sus manos y meter su dedo en el agujero de los clavos y querría meter la mano en su costado. Solo en ese caso estaría dispuesto a creer. En consecuencia, no se fía de la palabra de los otros apóstoles. Querría experimentar en su propia carne si las palabras de los discípulos son ciertas. Quiere hacer un experimento, verlo con sus propios ojos y tocar con sus manos lo que explican los apóstoles. Jesús acepta someterse a este experimento. Le dice a Tomás: «Pon aquí tu dedo y mira mis manos. Acerca tu mano y métela en mi costado, y no seas incrédulo, sino creyente» (Jn 20,27). La invitación de Jesús para que lo toque disuelve todas las dudas de Tomás. Ahora ya no tiene que meter la mano en el costado de Jesús. Simplemente, el hecho de que Jesús no le reproche nada por sus dudas, sino que consienta el experimento de que lo toque, lo lleva a expresar la afirmación más clara que puede decir un apóstol de Jesús: «¡Señor mío, Dios mío!» (Jn 20,28). Así, la duda conduce a Tomás no solo a un conocimiento más claro de quién es Jesús, sino también a un encuentro más profundo con Jesús, el resucitado. Tomás designa a Jesús como Señor *mío* y Dios *mío*. A través de la duda experimenta a Jesús como su Señor personal. Ahora puede confiar en él. El evangelio no aclara si Tomás metió realmente la mano en el costado de Jesús. La mayoría de los exegetas deducen de ello que simplemente la respuesta positiva de Jesús ante las dudas de Tomás disolvió todas sus dudas y lo empujó hacia ese reconocimiento maravilloso.

No es suficiente con creer lo que enseña la Iglesia. Eso es lo que nos demuestra esta historia del evangelio de Juan. También queremos experimentar lo que creemos; y estamos en nuestro derecho. No podemos demostrar la fe a través de nuestras experiencias, pero las experiencias pueden fortalecer la fe. Antes de las experiencias, la fe ya está presente. Pero queremos sentir lo que creemos, vivirlo en la carne. Jesús justifica a Tomás. Tiene derecho a dudar y puede ver con sus propios ojos y tocar, y comprobar con sus dedos aquello de lo que duda.

Al mismo tiempo, Jesús orienta a Tomás hacia una forma más profunda de la fe: «Bienaventurados los que no vieron y creyeron» (Jn 20,29).

Klaus Berger interpreta de la siguiente manera la duda de Tomás y la forma de superarla: «Tomás se debió decir: "Qué fácil es dejarse engañar por ilusiones, dejarse embaucar y actuar por una noticia positiva". Precisamente en eso se basa la duda de la exégesis moderna desde H.S. Reimarus. Su acusación a los apóstoles pascuales afirma: manipulación, ilusionismo, engaño sacerdotal para fomentar sus carreras» (Berger, 643). La duda de Tomás no se disuelve con argumentos, sino a través de la «experiencia sobrecogedora de la presencia del Dios personal en el propio Jesús [...]. Todas [...] las dudas se hunden hasta el fondo cuando se manifiesta la presencia sagrada de Dios en Jesús y abruma inmediatamente al apóstol» (Berger, 644 ss.). Esta experiencia con el resucitado convierte a Tomás en un testigo fidedigno de la resurrección. Y por eso Berger traduce las palabras de Jesús a Tomás de la siguiente manera: «Ahora has creído, porque me has visto. Bienaventurado quien en el futuro crea sin haberme visto» (Berger, 644). Entre los que crean en el futuro se refiere a nosotros, que creemos por el testimonio de Tomás. Si confiamos en su experiencia, entonces somos bienaventurados. Así, nuestra vida será plena.

Tomás era llamado Dídimo. Eso quiere decir que es un gemelo para ti. Así te puedes encontrar de nuevo en él. ¿Dónde sientes en ti al Tomás escéptico y al Tomás que ansía experimentarlo por sí mismo? ¿Por qué no estás contento cuando te dicen que debes creer algo? ¿Y cómo te va con la fe en el resucitado, sobre el que tuvo dudas Tomás? ¿Tú también tienes dudas de que Jesús el crucificado haya vuelto de entre los muertos? ¿Cómo puedes superar tus dudas? Como Tomás, no puedes ver al Jesús resucitado. Pero a pesar de eso, ¿cómo lo puedes experimentar? ¿Qué experiencia te ayudaría a superar tus dudas? A continuación, recuerda situaciones en las que tuvieras de repente la certeza: «Sí, mi fe es verdadera. Jesús está realmente aquí, quizá en la eucaristía durante la comunión». Y deja que esa certeza penetre en ti. Confía en esa experiencia, que podrá disolver todas las dudas racionales.

Natanael el Incrédulo

En el evangelio de Juan, Tomás tiene un hermano, que duda tanto como él: se trata de Natanael, el incrédulo y el escéptico. Felipe se encuentra con Natanael y le anuncia: «Hemos hallado a aquel de quien escribió Moisés en la Ley, así como los profetas: Jesús de Nazaret, el hijo de José» (Jn 1,45). Natanael

respondió con las muy conocidas palabras: «¿De Nazaret puede salir algo bueno?» (Jn 1,46). Duda de la afirmación de Felipe de que Jesús sea de quien escribieron Moisés y los profetas. Simplemente, el lugar de nacimiento le hace dudar de que
Jesús pueda ser el mesías. Natanael no confía en la palabra de
su amigo Felipe. Él es un buen conocedor de la Biblia, y en la
Biblia no se dice nada de Nazaret; por eso, el mesías no puede
venir de Nazaret.

Felipe responde a su amigo: «Ven y ve» (Jn 1,46). Debe ver por
sí mismo y decidir quién es ese Jesús. Felipe le invita a tener
una experiencia personal con Jesús y que después decida. Natanael duda ante las palabras de Jesús que lo llama un israelita
verdadero sin falsedad. Ante estas palabras, Natanael pregunta: «¿De dónde me conoces?». Y Jesús responde: «Antes que
Felipe te llamara, cuando estabas debajo de la higuera, te vi»
(Jn 1,48). Con eso, Juan no quiere decir que Jesús simplemente vio que estaba sentado debajo de la higuera. Es mucho más
probable que el hecho de estar sentado bajo la higuera tenga un
significado más profundo. Bajo una higuera se medita sobre las
Sagradas Escrituras; ahí se profundiza sobre las palabras de la
Biblia. Por eso, Jesús reconoció en Natanael a un israelita piadoso, que estudiaba y meditaba las palabras de la Biblia y que
buscaba al mesías. Esta revelación hizo que Natanael quedase
fascinado por Jesús. Sintió que era alguien que veía más allá,
que conocía lo más recóndito del corazón. Tras esta experiencia de que Jesús había penetrado hasta lo más profundo de su

ser, Natanael reconoce: «Rabí, tú eres el hijo de Dios, tú eres
el rey de Israel» (Jn 1,49). Este reconocimiento suena de una
manera parecida a las palabras de Tomás ante el resucitado.
Así, los dos discípulos escépticos reconocen mejor a Jesús que
todos los demás apóstoles. Ante ellos aparece el verdadero
ser de Jesús. Así, sus dudas les condujeron a un conocimiento
y una experiencia más profundos. Hay una evolución entre la
duda y el reconocimiento de Jesús en Natanael y en Tomás.
Natanael duda de que ese hombre Jesús sea el mesías. Tomás duda de la resurrección de Jesús. Natanael supera su duda
cuando se da cuenta de que Jesús ha visto en su interior. Tomás
puede librarse de su duda porque Jesús está dispuesto a que
tenga una experiencia directa de sus heridas. Y de la misma
manera evoluciona la afirmación más objetiva de Natanael: «Tú
eres el hijo de Dios», hasta el reconocimiento personal: «Señor *mío* y Dios *mío*». Tomás reconoce a Jesús como su Señor
y Dios personal, porque le dejó que tuviera la experiencia que
había exigido para superar sus dudas.

También la historia de Natanael nos invita a dudar de las palabras de otras personas sobre Jesús y Dios. En la actualidad conozco a muchas personas que están inseguras porque les han
explicado de todo sobre Dios y la experiencia de Dios. Precisamente por eso los maestros esotéricos fascinan a muchas personas, porque en apariencia transmiten un conocimiento más
profundo, pero precisamente es con ellos con quien se debe
aplicar el escepticismo. El escepticismo no es lo mismo que

la duda. En realidad, escepticismo deriva de la palabra griega *skepsis* = «investigación, demostración, reflexión». Así, el escéptico querrá comprobar las afirmaciones. Eso es algo positivo desde todos los puntos de vista. No obstante, en la filosofía griega el escepticismo tenía otro significado. El escepticismo se refería a que no podemos conocer la verdad. Por eso existe el escepticismo absoluto, que duda de todo, y el escepticismo relativo, que le proporciona a las personas la capacidad para acceder a algunos conocimientos. Una norma de la escuela filosófica escéptica —la llamada Nueva Academia— parte de que toda noción puede ser falsa, porque siempre podemos estar engañados. Y no existe ningún criterio seguro para diferenciar una noción verdadera de otra falsa. El escepticismo moderno se emplea sobre todo para afirmaciones sobre la fe. La fe no es capaz de conducirnos al conocimiento de la verdad.

En cada orientación filosófica hay un poco de verdad. Por eso debemos aprender de la escuela escéptica a poner en cuestión las ideas religiosas. Eso es válido sobre todo donde se pronuncian palabras demasiado importantes. Precisamente, en el esoterismo, con frecuencia se promete demasiado. Siempre que alguien utiliza conceptos demasiado grandes para explicar sus experiencias espirituales, siempre que se trata de experiencias muy extraordinarias, siempre que alguien se quiere situar por encima de los demás debido a sus experiencias, soy muy escéptico; y este escepticismo es totalmente saludable.

Cuando aplicamos la historia de Natanael a situaciones como esas, nos enseña que solo debemos confiar en aquellos que nos permiten conocernos de una manera diferente. Natanael reconoce en Jesús a quien lo ha mirado hasta el fondo y lo ha reconocido. Ahora bien, en las palabras de Jesús se reconoce de una manera totalmente nueva. No solo la experiencia de Dios, sino también un nuevo autoconocimiento coherente puede superar nuestras dudas sobre las palabras del predicador, pero es necesaria una experiencia. No debemos confiar simplemente en las palabras que suenan piadosas o fascinantes. Es necesario el criterio de un autoconocimiento y una autoexperiencia sinceros y profundos. Como le pide Felipe a Natanael, debemos ir y ver, contemplar con precisión cómo experimentamos a las personas que nos hablan de la fe, para comprobar si experimentamos como algo coherente su vida cotidiana. La vida concreta nos muestra si una afirmación sobre Dios y la fe es correcta, o si solo es una proyección. Natanael nos otorga el derecho a desconfiar de las palabras demasiado grandes y a comprobar su veracidad a través de un análisis propio y preciso.

En tu vida hay muchas personas que te han hablado de Dios y de Jesucristo: tus padres, tus maestros, los párrocos y los referentes pastorales y comunitarios en tu comunidad. ¿Qué has observado cuando las personas te hablan de Dios? ¿Has aceptado lo que tus padres te han explicado de su fe? ¿Qué brillo debe emitir quien te habla de Dios para que lo creas? Imagínate ahora a unas personas concretas —tus padres, tus maestros, un párroco, una oradora comunitaria— y repasa en tu mente las palabras que te han dicho sobre Dios, y mira al mismo tiempo lo que irradian sus personas. Y después reflexiona acerca de si puedes confiar en ellos, o si dudas de lo que te han explicado. Entonces, aplica en ti mismo la historia de Natanael. ¿Te puedes conocer mejor a través de las palabras que sobre Dios te han dicho padres, maestros y pastores? ¿Esas palabras te ayudan para verte bajo una luz diferente? ¿Esta visión de ti mismo se ajusta a la realidad, o es una ilusión que te querría conducir a sentirte como alguien especial y a que te colocases por encima de los demás?

Zacarías el Dubitativo

El arcángel Gabriel se le aparece al anciano sacerdote Zacarías en el Templo y le anuncia: «Tu mujer Elisabet te dará a luz un hijo» (Lc 1,13). Pero Zacarías duda de la afirmación del ángel: «¿En qué conoceré que esto es cierto? Porque yo soy viejo y mi mujer es de edad avanzada» (Lc 1,18). Quería tener inmediatamente una señal de que eso fuera posible. Porque en realidad no se lo puede imaginar. Se conoce. Es viejo. Ya no confía en sus fuerzas. Y conoce a su anciana esposa y tampoco confía en sus fuerzas, para que pueda nacer un niño. Como castigo por sus dudas queda mudo. Sigue mudo durante nueve meses. Se podría decir: debe quedar en silencio durante nueve meses para que enmudezcan todos los prejuicios sobre su mujer y todas sus opiniones sobre sí mismo.

La razón de la duda de Zacarías es que considera que se conoce a sí mismo y a su esposa. Constata cómo es él mismo y su mujer. Somos viejos. De ahí no se puede desarrollar nada nuevo. Vivimos con eso. Pero no hay ninguna esperanza de que ocurra algo nuevo con nosotros, o que pueda surgir algo nuevo entre nosotros. Por eso, Zacarías duda de sí mismo y de su esposa. El silencio es una buena práctica para él para reflexionar sobre sus dudas y librarse de sus prejuicios, aquellos que alberga en su interior sobre sí mismo y sobre su mujer. Con frecuencia estamos tan obsesionados con nuestros prejuicios, sobre nosotros mismos y sobre los demás, que no confiamos en que ni nosotros ni los demás podamos tener nuevas posibilidades. Esta fijación con nuestro punto de vista sobre la vida conduce a dudar de cualquier afirmación que ponga en duda la normalidad y nos comunique algo extraordinario.

Lucas nos explica a continuación que tras el encuentro del ángel con el anciano Zacarías, el ángel Gabriel se aparece a la doncella María. María no duda del anuncio del ángel, solo

pregunta cómo es posible que eso ocurra. El anuncio que le
hace el ángel es tan extraordinario como la promesa a Zacarías, porque ella no ha conocido a varón, y sin un hombre no
se puede engendrar un hijo. Pero ante el ángel no se aferra
a sus ideas. Confía en el ángel, en que ocurrirá lo que le ha
anunciado. Pero le gustaría saber para comprenderlo mejor.
María está abierta al anuncio del ángel. Quiere aprender del
ángel. Lucas nos muestra en la reacción de María ante el ángel un buen camino de cómo podemos gestionar nuestras dudas. Dudamos de lo extraordinario, de lo que rompe nuestros
esquemas de normalidad. María también está maravillada,
pero no rechaza lo nuevo porque no sea posible. Pregunta para
aprender.

A nosotros no se nos aparece un ángel como lo han represen-
tado los artistas en la Anunciación de María. Pero un ángel
podría ser el impulso repentino que nos asalta. A veces existe
un convencimiento interno: «Debo hacer esto. Me gustaría que
esto creciera en mí. Este es mi camino». Pero entonces dudamos de ello, hacemos como Zacarías: «Eso no era el impulso
de un ángel, solo eran imaginaciones. Solo era un deseo que ha
aparecido en nuestro interior». Pero Lucas nos muestra cómo
debemos responder a estos impulsos internos o a estas experiencias espirituales. Debemos analizar el impulso, entrar en
diálogo con él. ¿Cómo se podría hacer realidad lo que se nos
ha aparecido de repente? No podemos reprimir o rechazar
las dudas, pero podemos preguntar abiertamente cómo podría

ocurrir y cómo podríamos comprender esa novedad que no entendemos.

Recuerda alguna vez en la que hayas experimentado un impulso interior de ese tipo, que ha cambiado tu vida. ¿Dónde se te apareció de repente? ¿Cómo reaccionaste? Lo rechazaste de inmediato como Zacarías: «Esto no puede ser». ¿Solo es una ilusión, una ensoñación? ¿O has confiado en el impulso? ¿Y cuál ha sido el resultado? A continuación siente en tu interior qué impulso sientes ahora para tu camino actual. ¿Te surgen ideas, deseos, anhelos? ¿Qué amplitud tienen tus deseos? ¿Y cómo te pueden ayudar a avanzar, a conducirte hacia un camino que te lleve a nuevas regiones?

Dos polaridades en la persona

C.G. Jung entendía que toda persona lleva dos polos en su interior: amor y violencia, razón y sentimiento, fortalezas y debilidades, confianza y miedo. A estas polaridades pertenecen también la fe y la incredulidad, o la fe y la duda. Jung consideraba que si se elimina uno de los polos, el rechazado queda en la sombra; y desde la sombra actuará de manera destructiva sobre la persona. Si, por ejemplo, reprimo la violencia, porque no se corresponde con mi ideal del amor, entonces quedará sumida en las sombras. Desde allí se manifestará como dureza hacia las demás personas, o como una enfermedad corporal, o como una manifestación de poder bajo la apariencia del amor. Cuando, por ejemplo, un párroco ante un conflicto en el consejo parroquial dice: «Los cristianos no nos peleamos, nos amamos», está realizando un acto de poder, porque acusa a todos los que piensan diferente, a los que no aman. Les despierta una mala conciencia. Inocular una mala conciencia es una forma muy sutil de ejercer el poder, de la que no se puede librar casi nadie.

Algo parecido ocurre con los dos polos de fe e incredulidad, fe y duda. Cuando considero que tengo fe —en mí no hay incredulidad, en mí no hay duda—, entonces proyecto la incredulidad o las dudas sobre las personas que no piensan como yo. Las juzgaré y combatiré. En el terrorismo islámico vemos que los que creen que son creyentes tienen que matar a todos los «incrédulos». En última instancia, la muerte solo es la demostración de su propia incredulidad. Porque su fe es tan débil que se siente insegura ante todos aquellos que piensan diferente; y esta inseguridad la tienen que superar ejerciendo la violencia.

Ahora bien, la eliminación de la duda también se muestra en el fundamentalismo cristiano. Ellos también se consideran los únicos creyentes verdaderos. Se sitúan por encima de los demás y los combaten. También el fundamentalismo cristiano ejerce con frecuencia la violencia. Los fundamentalistas cristianos asesinan médicos que han practicado abortos. Los fundamentalistas no pueden mantener una relación normal con los demás. Siempre están sometidos a la presión de tener que convencer a los demás sobre la falsedad de sus opiniones y de ganarlos para la única verdad válida. Cuando se les observa desde fuera —la crispación frecuente de su manera de actuar—, se puede sentir que su proclamación de la «fe verdadera» es una expresión de su incredulidad o una expresión de sus dudas reprimidas; y se nota que tras su fe aparentemente tan firme se esconde pura altivez. Creen que siempre tienen razón, no permiten que se les cuestione, y por eso no son capaces de mantener realmente una conversación. Solo intentan convencer a los demás sin entrar realmente en un intercambio.

En última instancia, los fundamentalistas son siempre personas desgraciadas. No están en consonancia consigo mismas. Han rechazado una parte esencial de su ser. Les falta su propia vitalidad. Esto es válido para los individuos y también para las comunidades fundamentalistas. Conozco una orden religiosa que se ha planteado como ideal dar un testimonio claro de fe en este mundo incrédulo. La intención es buena. Pero como pasa con todos los ideales que se pueda plantear una orden, siempre se tiene que analizar con detenimiento si un ideal demasiado elevado no trae consigo un lado oscuro muy fuerte. La orden que quiere dar un testimonio claro de la fe no se da cuenta de que rechaza con soberbia a los que piensan diferente, y no se interesa por lo que piensan. En una orden que defiende una fuerte mentalidad de sacrificio, se puede notar una agresividad difusa. Siempre que una orden se vuelve fundamentalista, se acaba rompiendo en algún momento, porque con frecuencia estas comunidades solo se mantienen unidas por la lucha contra un enemigo que piensa diferente. Ahora bien, cuando desaparece el enemigo, las comunidades se disgregan, porque los fundamentalistas no son solo personas desgraciadas, sino que también son personas incapaces de mantener relaciones sanas. Solo se mantienen unidos porque comparten una misma opinión, pero son incapaces de relacionarse realmente con las otras personas y construir una buena relación con ellas.

Para Jung, el único camino posible para conseguir una salud psíquica y espiritual es unir los dos polos. Debo reflotar lo que hasta ahora he mantenido apartado en las sombras y unirlo con el polo con el que he vivido hasta este momento. Esto no significa que ahora tenga que vivir solo la parte sombría, porque si no integro el lado que había quedado en la sombra con el polo preferido, entonces también actuará de manera destructiva. Entonces solo viviré el lado oscuro y reprimiré el polo positivo. Esto es tan perjudicial como rechazar el lado sombrío. Por eso, si tiro la fe por la borda y vivo como un incrédulo, me perjudico. Esto ocurre a veces con personas que con anterioridad habían reprimido su incredulidad. Van de un extremo al otro. De repente no quieren saber nada de la fe. Muchos de los que se definen como incrédulos expulsan su sombra. Entonces se vuelven agresivos contra los creyentes, porque no quieren que la fe de los demás les cause ninguna inseguridad. Porque en realidad la fe de los demás les recuerda su propia fe que tienen reprimida.

Para Jung, la cruz es un símbolo de la unión de los dos polos. En la Iglesia primitiva, la cruz fue siempre un símbolo de reconciliación y un símbolo para la unidad de todos los opuestos. La Epístola a los efesios ya reconoce este efecto de reconciliación de la cruz. Dice: Cristo «es nuestra paz, que de ambos pueblos (judíos y gentiles) hizo uno, derribando la pared intermedia de separación» (Ef 2,14). Judíos y gentiles se pueden relacionar con los dos polos de fe e incredulidad. En la cruz Jesús unió los dos polos. En el Evangelio de Juan dice Jesús: «Al bajar de la cruz a todos atraeré a mí» (Jn 12,32). Así, la cruz es una imagen del abrazo. Con frecuencia invito a las personas a imitar la señal de la cruz mientras cruzamos los brazos sobre el pecho. Y entonces cito diversos polos que debemos abrazar: «Como Cristo me ha abrazado en la cruz, abrazo en mí lo fuerte y lo débil, la salud y la enfermedad, el amor y la violencia, la confianza y el miedo, la fe y la incredulidad, la fe y la duda».

Cuando abrazo la duda o incluso la incredulidad, entonces la duda tiene un efecto positivo sobre mi fe, porque me obliga a formular de nuevo los cimientos de mi fe delante de mi razón. Entonces me pregunto: ¿qué significa que Dios existe? ¿Quién es Dios? ¿Cómo puedo comprender a Jesús como hijo de Dios? ¿Qué significa la resurrección? ¿Qué nos espera en la muerte? ¿Cómo nos podemos imaginar que nos volveremos a ver después de la muerte? No rechazo ninguno de los contenidos de la fe, pero la duda me obliga a analizar cada uno de ellos: ¿cómo lo puedo entender? ¿Y cómo me ayuda este elemento a vivir de una manera mejor, más saludable y más auténtica? Entonces, la fe nos conducirá a una nueva calidad de vida. La duda pertenece esencialmente a la fe, porque la libera de toda altivez y dureza y la mantiene viva. Me obliga a analizarla continuamente de una manera saludable y liberadora. Allí donde la fe enferma, la duda está justificada. Pero por causa de la duda no debo rechazar la fe, sino solo las manifestaciones enfermas de esta.

Mi santo patrón Anselmo de Canterbury considera que el fundamento de su pensamiento era «*Fidelis quarens intellectum*: la fe que busca discernimiento». La duda pone en cuestión todos los contenidos de la fe, pero no para rechazarla, sino para comprenderla con mayor profundidad. La duda busca discernimiento. La palabra latina *intellectus* proviene de *intus leger*, «leer dentro, lectura interior». Se podría decir: me gustaría leer con el corazón lo que me dice la fe, comprenderla con el corazón. Me gustaría contemplar en toda su profundidad el misterio de la fe, me gustaría comprender lo que creo. Y esta comprensión forma parte de la esencia de la persona racional. Le debemos a nuestra dignidad como personas racionales comprender a través de la duda todos los contenidos de la fe con el fin de que parezcan dignos de crédito para nuestra razón.

Personalmente, para mí la duda es un motor importante que siempre me impulsa a reflexionar de nuevo sobre cada festividad del año eclesiástico: ¿cómo puedo entender esto? ¿Cómo puedo entender en la actualidad —con mis conocimientos, con todos los conocimientos científicos, con todas las experiencias de un mundo desbocado— el misterio de la Navidad y con qué palabras lo puedo explicar para que se pueda presentar ante mi razón? No puedo demostrar con la razón el misterio de la Navidad, pero mi explicación tiene que ser sólida ante mi razón. Cada año podría buscar en el archivo el sermón de las últimas Navidades o de otra anterior. Sin embargo, la duda me obliga cada vez a formularme de nuevo mi fe. A veces esto es tedioso. Sería mucho más cómodo recuperar algún sermón antiguo, pero eso no satisfaría a mi espíritu inquieto. El espíritu que busca superar la duda y siempre está buscando respuestas nuevas, palabras nuevas, para expresar correctamente en la actualidad la fe antigua.

Ponte en pie y cruza los brazos sobre el pecho. Entonces te puedes imaginar: como Cristo me abraza con todas las contradicciones que hay en mi interior, así abrazo en mí la fortaleza y la debilidad. Abrazo en mí la salud y la enfermedad, lo vivido y lo no vivido, lo conseguido y lo fracasado. Abrazo en mí, la confianza y el miedo, la fe y la duda, la fe y la incredulidad, el amor y la violencia, la claridad y la oscuridad, lo conocido y lo desconocido. Y entonces pasa por debajo de los opuestos. Imagínate que con el símbolo de la cruz proteges el espacio interior del silencio, contra todos los pensamientos, contra todas las imágenes. Allí, en este espacio interior del silencio estás libre de las expectativas de las personas. Allí estás a salvo y entero, y allí eres uno contigo mismo. Allí ya no te desgarran los opuestos, sino que se unifican, como lo expresó Nicolás de Cusa: Dios es la «*coincidentia oppositorum*, la coincidencia de todos los opuestos». Allí, donde sientes a Dios en tu interior, todos los opuestos coinciden y sientes una unidad interior.

La duda fortalece la fe

Umberto Eco, el escritor italiano autor de la famosa novela *El nombre de la rosa*, dijo una vez: «El diablo es la arrogancia del espíritu, la fe sin una sonrisa, la verdad, que nunca se deja asaltar por ninguna duda». Con ello quiere decir que una fe que desconoce la duda procede en última instancia del diablo. No se trata de la fe que corresponde al mensaje de Jesús. Con una fe que no conoce la sonrisa, Umberto Eco se refiere a una fe miedosa, intransigente, altiva, que cree que lo sabe todo y siempre tiene razón. En última instancia, se trata de una fe intolerante.

Una idea parecida expresa el poeta alemán Erich Fried cuando dice: «No dudes de quien te diga que tiene miedo, pero ten miedo de aquel que te diga que no tiene ninguna duda». Quien diga que no tiene ninguna duda miente. O como lo expresa Erich Fried: hay que guardarse de él. Porque esas personas con frecuencia son autoritarias. Con ellas no se puede mantener una buena conversación; siempre lo saben todo. Quieren obligarnos a que pensemos como ellos. Pero con quien reconoce que tiene miedo se puede mantener una buena conversación. Con él también se puede hablar de la fe, porque se trata de una fe que busca, una fe que también conoce la duda. Y con él podemos hablar del mundo. No nos transmite una imagen determinada del mundo, sino que intenta comprender el mundo. Y esta búsqueda para comprender lo que es se deriva de la duda ante las cosas que nos vamos encontrando.

Me gustaría presentar tres ejemplos de cómo la duda pertenece esencialmente a la fe y cómo la puede fortalecer. El primer ejemplo es una experiencia personal. Cuando rezo, a veces se me presentan las dudas del pensamiento ilustrado: ¿todo esto no son más que imaginaciones? ¿Rezas solo para que te vaya mejor, para que puedas asumir mejor los fracasos? ¿Te imaginas algo cuando rezas para poder vivir con más comodidad? Cuando permito que aparezcan estas dudas, intento analizar hasta el final las alternativas a las dudas. Entonces me digo: sí, todo son imaginaciones. Me imagino algo cuando rezo. Pero cuando pienso hasta el final esta alternativa, entonces todo se vuelven imaginaciones, entonces tengo que pensar que los conocimientos científicos también son imaginaciones. Son un modelo para explicar la realidad. ¿Pero quién me dice que esta explicación sea correcta? ¿También los conocimientos psicológicos son solo un intento de explicar el comportamiento de las personas? ¿Pero quién me asegura que se corresponden con la realidad? Si todo el conocimiento humano solo son imaginaciones, entonces todo el mundo me parece absurdo. Luego no podemos saber nada. Vivimos inmersos en algún tipo de ilusión. Y en última instancia tendríamos que decidir en qué ilusión queremos vivir. Pero cuando reflexiono hasta el final la alternativa a la duda, entonces desde lo más profundo me surge la sensación de confianza en la Biblia, en san Agustín, en santa Teresa de Ávila, en los antiguos monjes y en sus experiencias. Confío en la fe de mis padres y de las personas que me han conmovido con su fe. Apuesto por la carta de la fe. Entonces, la duda me obliga a decidirme por la fe. Y la fe es siempre un salto desde la duda a la confianza. La opción por la fe no es una decisión puramente racional, sino una decisión que surge de las tripas. Pero en lo más profundo de mi interior siento que esta decisión es la correcta. No va en contra de la razón, pero supera la razón. Responde a mi esencia como persona que está abierta a algo que es más grande que sí misma.

Doy charlas sobre la muerte y lo que esperamos los cristianos cuando morimos. Hablo de las imágenes que nos ofrece la Biblia sobre la vida eterna en la Gloria de Dios. Explico las afirmaciones de la teología sobre la vida eterna. Creo lo que explico, pero lo tengo que someter una y otra vez a la duda. Porque, por supuesto, conozco la duda: ¿solo hablo de la vida eterna para poder soportar mejor las frustraciones de la vida? ¿O cuando digo que nos volveremos a encontrar después de la muerte solo es un consuelo? En estas dudas me ayuda una afirmación de C.G. Jung. Jung dijo una vez que como psicólogo no podía demostrar la vida después de la muerte. Sin embargo, como psicólogo conoce la sabiduría del alma, y el alma sabe que la muerte no es el final, sino la culminación. Como psicólogo lo tiene claro: «Cuando aporto tantos argumentos racionales contra la sabiduría del alma, me vuelo intranquilo, inquieto y neurótico. Naturalmente, también puedo dudar de esto: ¿la fe en la vida eterna es solo una terapia, solo algo que permite que aquí viva mejor? ¿El alma se permite imaginaciones para que pueda vivir mejor? También en este caso se trata de una decisión fundamental: ¿confío en mi alma y en el alma de muchas personas de todas las culturas y religiones?, ¿o considero que el alma desarrolla solo ilusiones para poder vivir mejor? Entonces me encuentro con la apuesta que explicó Blaise Pascal en la conversación con un escéptico».

Walter Dirks resume de la siguiente manera la apuesta que Pascal desarrolló en sus *Pensées*: «No sabes si Dios existe. Tienes que elegir entre dos opciones: entre la de que Dios existe, y la de que no existe. No te puedes retirar, tienes que apostar por una de las dos alternativas. En algún momento, quizás en el momento de tu muerte, se resolverá si has apostado bien o mal. Si apuestas contra la existencia de Dios, en el caso de que no exista, no has perdido nada y no has ganado nada; ni siquiera tendrás la conciencia de que tenías razón. Pero si Dios existe, lo has perdido todo. Si has apostado por la existencia de Dios y no existe, no has perdido nada; pero si existe, lo has ganado todo: la dicha eterna. Bajo estas circunstancias lo razonable es apostar por la existencia de Dios» (Dirks, 79). Como es natural, Dirks ve fallos en esta apuesta. Porque Pascal liga de manera necesaria la existencia de Dios con la dicha eterna. Un escéptico lo podría poner en cuestión. Y asimismo se podría argumentar naturalmente que Dios misericordioso también espera al que duda después de la muerte. Pascal no se refiere solo a la dicha eterna, sino al aquí y ahora. Quien se decide por Dios vive aquí «con lealtad, justicia, humildad, agradecimiento, caridad, amistad, sinceridad y amando la verdad» (*Ibídem*, 74). Quien apuesta por Dios vive aquí los valores de la humanidad. Dirks asume este argumento refiriéndose a su propia biogra-

fía: «Una inquieta, pero aun así feliz seguridad en la fe, y pe-
riodos de duda casi de la misma intensidad en los que siempre
he experimentado lo mismo: las fases de la fe fueron al mismo
tiempo fases de compromiso, de productividad y de comunicación, y las de incredulidad tuvieron el carácter de una ero-
sión; en ellas fui improductivo y el mundo se convirtió en ce-
niza» (*Ibídem*, 74). Dirks necesita a Dios para poder vivir
humanamente. También este argumento de la necesidad se
puede analizar de manera crítica. Pero Dirks apuesta por Dios.
Confía en que Dios existe, y por eso siente que apostar por
Dios le hace bien. Renuncia a demostrar la existencia de Dios
y se centra en su propia biografía y en la de otros testigos de
la fe. Dirks se siente solidario con muchos cristianos que de la
misma manera se sienten creyentes y escépticos. Y considera:
«Estos cristianos, que pretenden dilucidar de manera existencial el problema de Dios, en los viejos tiempos difícilmente
podían encontrar un hermano que les fuera más cercano que
Blaise Pascal, el francés de mediados del siglo XVII, un cristiano que no lo tuvo fácil» (*Ibídem*, 76).

Como segundo ejemplo me remito a la experiencia de Peter
Wust. El filósofo católico Peter Wust (1884-1940) describió
en su libro *Ungewissheit und Wagnis* que la duda forma parte
esencial de nuestra fe. Poco antes de su muerte le escribió a un
amigo que este libro le era especialmente querido: «En este
libro he podido echar una pequeña mirada a la profundidad
insondable de la vida, para después prepararme para morir»

(Wust, 5). Wust escribe sobre la *insecuritas* de las personas. Esta palabra latina no se puede traducir simplemente como inseguridad. Para Wust, la traducción adecuada es «incertidumbre». Pertenece esencialmente a la existencia humana, a diferencia de lo que ocurre con los animales. Y pertenece de una manera especial a la persona creyente, porque Dios es siempre y al mismo tiempo un Dios que se revela y se esconde. Dios está presente y al mismo tiempo no está presente para el alma humana. «Por ello se produce cierta situación de desequilibrio entre certeza e incertidumbre [...]. El alma no se ve nunca totalmente obligada por la certeza religiosa de Dios como para que no le quede cierto espacio para tomar una decisión propia. Certeza e incertidumbre aparecen totalmente unidas, de manera que la fe y la incredulidad siempre tienen la posibilidad de intervenir y desplegarse» (Wust, 199). La *insecuritas* provoca que siempre exista la posibilidad de la incredulidad. La incredulidad tiene para Wust una función positiva, «siempre ayuda a que la fe se convierta en una seguridad cómoda. La incredulidad es el estímulo permanente de la fe, que impulsa a una nueva espiritualización y a un rejuvenecimiento más vivo» (Wust, 200). Sin embargo, de la misma manera que la incredulidad fortalece la fe, la fe elimina la seguridad de la incredulidad. No existe ninguna *securitas dubii*, ninguna seguridad en la duda. El incrédulo no se puede librar «de la incomodidad de cierta inseguridad, aunque se trate solo de cierta duda oculta sobre la duda» (*Ibídem*, 201). Pero precisamente esta duda sobre la duda provoca que con frecuencia el incré-

dulo se vuelva agresivamente contra el creyente. Wust cree que
la lucha se vuelve «más amarga cuanto más se agiten los restos
de fe escondidos en medio de la incredulidad» (*Ibídem*, 202).
Y por eso ve Wust en el fanatismo de la incredulidad una manifestación religiosa. Wust advierte: «Pero que, al contrario,
la fe no se crea revestida de tal claridad que le permita si-
tuarse de manera farisaica por encima de la incredulidad»
(*Ibídem*, 202).

Un tercer ejemplo de cómo la duda clarifica la fe y al mismo
tiempo la fortalece aparece en los escritos del místico español
Juan de la Cruz. Habla de la noche oscura. «En el ámbito del
conocimiento se experimenta como inseguridad y duda: las
imágenes de Dios y las manifestaciones de la fe que hasta el
momento se han considerado fidedignas aparecen como su-
perficiales y estrechas, los deseos y las esperanzas en Dios se
revelan como "proyecciones" humanas, las "expresiones ora-
les" de la fe y de las oraciones se ponen en cuestión» (Körner,
Lex Spir, 1471). Las dudas sobre el conocimiento sobre Dios
preparan para el místico la sabiduría siempre más elevada del
no saber. La duda es «el camino hacia un conocimiento más
profundo de la realidad de los pensamientos y las representaciones. Para Juan de la Cruz, la noche oscura es «para una vida
espiritual, el proceso necesario de "limpieza" de la fuerza del
conocimiento y de los recuerdos de todas las representaciones
y todos los hábitos de pensamiento que quieren fijar y domes-
ticar a Dios y sus misterios» (*Ibídem*, 1472). Juan de la Cruz

está convencido de que es el propio Dios quien nos conduce a la duda para que nos abramos a su amor glorioso e ilimitado.

Cuando reflexionamos sobre la duda en la noche oscura, entonces significa que la duda limpia nuestra fe de todas las representaciones que nos hemos hecho de Dios. En nuestras ideas, siempre se mezclan nuestras proyecciones o anhelos. Nos imaginamos a Dios como nos gustaría que fuera. La duda nos limpia de estas representaciones para que nos abramos al verdadero Dios, al Dios incomprensible y al Dios indisponible. La duda nos muestra que no podemos disponer de Dios. Tenemos que dejar que Dios sea el Dios incomprensible e inconcebible.

Imagínate que dudas de todo. Intentas rezar y dudas de que no sean todo imaginaciones, que no te preparan para que puedas vivir mejor. Dudas de la existencia de Dios, dudas de la validez de los Mandamientos, dudas del mensaje de Jesús, que solo es circunstancial. Y dudas de que después de morir tengamos que dar cuenta de nuestra vida ante la justicia de Dios. Cuando dudas de todo, ¿te va mejor? ¿Te sientes libre? ¿O te sientes desorientado? ¿Entonces todo pierde el sentido para ti? Pero deja que aparezcan todas las dudas y reflexiona sobre ellas hasta el final. ¡Y entonces escucha tus sensaciones internas! ¿Qué te dicen? ¿La sensación que tienes en la barriga te dice que las dudas tienen razón? ¿O esa sensación en las tripas te llevan a apostar por la existencia de Dios? La sensación en la barriga no es irracional. Los neurólogos nos dicen que la sensación en las tripas tiene que ver con la intuición y el comportamiento. Los neurólogos también nos dicen que nuestro mundo es tan complicado que las decisiones intuitivas son más certeras. Porque las decisiones intuitivas recurren a una parte del cerebro en la que se han almacenado las experiencias de toda nuestra vida y de nuestros antepasados. Por eso también, desde el punto de vista de la neurología, tiene todo el sentido que hagas caso a la sensación en tus tripas y que sobre la cuestión de Dios tomes una decisión intuitiva. Desde el punto de vista puramente racional, no puedes demostrar la existencia de Dios ni su inexistencia, así que confía en la sensación interna. En mi caso puedo decir que la sensación interna se decide por Dios. Por eso, te deseo que tu sensación interior tenga una idea de Dios y apueste por la fe.

Duda y fe como senda para una experiencia más profunda

Thomas Merton, el conocido trapense americano, pronunció una conferencia el 25 de octubre de 1968 en un encuentro con representantes de diferentes religiones en Calcuta durante su viaje por Asia. La impartió como monje cristiano. Él considera al monje como alguien que va más allá de la muerte, que supera la oposición entre muerte y vida y así se convierte en testigo de la vida. Para que eso sea posible es necesaria la fe. Pero esta fe —según afirma Merton en su conferencia— siempre está unida a la duda: «La fe implica dudar. La fe no consiste en la supresión de la duda. Se trata de superar las dudas, y solo se puede superar las dudas si pasamos a través de ellas. El hombre creyente que no duda nunca no es un hombre creyente. Por eso, el monje es alguien que en lo más profundo de su ser debe luchar con la presencia de la duda y debe superar lo que algunas religiones llaman la Gran Duda: atravesar la duda para llegar a la devoción que es muy, muy profunda, porque no se trata de nuestra devoción, sino de la devoción de Dios en nosotros. La única realidad última es Dios. Dios vive y mora en nosotros» (Merton, 186).

Pasar a través de la duda es para Merton la vía mística. La duda de nuestras afirmaciones sobre Dios y sobre la fe. Cuando atravesamos la Gran Duda, que lo pone todo en cuestión, llegamos a una realidad más allá de toda duda. Se trata de la realidad de Dios en nosotros. Según Merton, la duda conduce a la humildad con la que nos entregamos a Dios. Reconocemos que en última instancia no podemos conocer a Dios. Aprendemos el conocimiento de que no sabemos nada. Pero cuando asumimos todo esto, llegamos a un estado más allá de todo co-

nocimiento, a un estado de experiencia profunda, que no podemos describir con exactitud. Pero tampoco podemos provocar esta experiencia; es un regalo. Y por eso el camino a través
de la duda nos conduce a la experiencia de que se nos regala
lo esencial de nuestra vida. En última instancia, se trata de la experiencia de la Gracia.

Al final de su conferencia, Merton vuelve a hablar de la experiencia que podemos alcanzar los monjes cuando atravesamos
todas las dudas. Se trata de la experiencia de una profunda
unidad, que ya existe. «Encontraremos una unidad antiquí-
sima. Mis queridos hermanos, nosotros estamos preparados
para esta unidad. Pero consideramos que aún no la hemos alcanzado. Y eso es lo que tenemos que volver a encontrar:
nuestra unidad original. Lo que debemos ser, ya lo somos»
(*Ibídem*, 188). La vía mística, la que describe Merton, es un
camino que atraviesa la oposición entre fe y duda, a través
de la dualidad, hasta alcanzar el fundamento de todo ser. Y en
este fundamento de todo ser, todo es uno. En el fondo de todo
ser descubrimos que somos uno con Dios, uno con toda la
creación y uno con toda la humanidad. Y esta experiencia de
la unidad con todas las personas, también con los incrédulos, con los llamados «paganos», o con los ateos, nos libera
de toda obligación de justificar nuestra fe ante ellos. En esta
unidad profunda, no necesitamos superar nuestras dudas, no
tenemos que argumentar racionalmente contra nuestras dudas. Hemos superado existencialmente las dudas. Las hemos

atravesado y hemos tocado la unidad, que lo une y unifica todo: la fe y la duda, la fe y la incredulidad, la certeza y la incertidumbre.

Según Merton, nuestra obligación sería atravesar la duda y alcanzar una experiencia mística, la experiencia de una unidad globalizadora. La fascinación por la unidad originaria, el anhelo del «uno», está presente en toda la filosofía griega. Parménides habla del uno, que al mismo tiempo lo es todo. Frente a él, los opuestos son para Parménides solo un espejismo. Tomás de Aquino no llega tan lejos, porque asume en mayor medida las ideas sobre la unidad de Aristóteles. Escribe: «No existe una multiplicidad que, de alguna manera, participe de la unidad» (Fries, «Einheit», 259). Estas ideas sobre la unidad fueron desarrolladas de nuevo por Nicolás de Cusa. En Dios —afirma Nicolás—, todo es uno. Habla de Dios como *concordantia discordantium* (la concordancia de lo discordante) y como *coincidentia oppositorum* (la coincidencia de todos los opuestos). Aquí se encuentra la filosofía griega sobre la unidad con la filosofía latina. Y en última instancia, también se encuentra aquí el pensamiento oriental, que también parte de la unidad, con el occidental, que parte de la dualidad. Atravesar la duda, la «duplicidad», para tropezar con la unidad en el fondo de todo ser, en la que con todas las personas, con todo lo que existe, en la que con Dios, que es el fundamento de todo ser, somos uno, es la meta de toda mística. Así, la vía mística es, en última instancia, la superación de la duda. Pero la vía mística no niega la duda, la mira de cara y avanza a través de ella.

Existen diversas vías místicas. Evagrio Póntico (345-399), como representante del monacato antiguo, describió la mística como mística de la unidad. Habla de la «theoria physike» de la mística, que contempla la naturaleza con ojos nuevos, que en todo lo que existe reconoce a Dios como fundamento de todo ser. John Eudes Bamberger, un novicio de Thomas Merton, compara esta afirmación de Evagrio Póntico con el principio hindú del *Tattva*, «sabiduría» de las cosas. En las cosas veo a Dios. Y en la medida en que me sienta uno conmigo mismo, también me siento uno con toda la creación, y en la creación uno con toda la humanidad, con todos los animales y plantas, y uno con Dios. En lo más profundo del alma desaparece el enfrentamiento entre fe y duda, entre luz y tinieblas, entre las diferentes pasiones que hay en mí; y siento una profunda unidad interior. Soy uno conmigo mismo, en consonancia con mi vida, en consonancia con todo lo que hay en mí. Este estado recibió el nombre de *apatheia* por parte de Evagrio, es decir, un estado en el que las pasiones que con frecuencia me desgarran están en consonancia entre ellas. Y lo designa como «Visión de la Paz», «lo sublime que se encuentra en todo conocimiento y guarda nuestro corazón». Eso es lo que escribe Evagrio en una carta a un monje. En esta experiencia de la unidad, también desaparecen todas las dudas, porque en ella duda y fe se han unido, porque atravieso la duda para alcanzar un estado de unidad de todo ser. También C.G. Jung habla del *unus mundus*, del mundo único, en el que, por ejemplo, penetramos en los sueños y participamos de un mundo en el que todo es uno; en el que, por ejemplo, la distancia ya no juega ningún papel; en el que crecemos más allá de los límites para alcanzar una unidad interior en la que somos uno con todo lo que existe.

De esta manera, la duda es un desafío para atravesarlo con el fin de llegar a los cimientos del alma y, con ello, a los cimientos del mundo, y alcanzar el fundamento último en el todo es uno.

Tienes dos manos. Une las manos. Te hacen uno. Y cuando al ponerte a rezar elevas las manos unidas, tus manos unidas te conducen hasta Dios. En esta postura para rezar te sientes uno en Dios. Tienes dos ojos. Mira una imagen de Cristo. Tus dos ojos se orientan a la misma meta. Al mirar te conviertes en uno con la imagen. Entonces desaparece la división en tu interior. Cierra los ojos y vuélvete hacia dentro. Atraviesa tu cuerpo para alcanzar los cimientos de tu alma. Allí eres uno con todo lo que hay en ti, también con las sensaciones con frecuencia caóticas, también con los sentimientos y las necesidades contrapuestas. En medio de las divisiones encuentras la unidad interior. Entonces, sigue adelante.

Imagínate que en el fondo de tu alma eres uno con toda la humanidad. En lo más profundo de tu ser eres uno con todas las personas, con los representantes de todas las religiones y también con los incrédulos. E imagínate que en el fondo de tu alma eres uno con toda la creación, con todos los animales y las plantas, y con todo lo que existe. Estás formado por el mismo polvo de estrellas que el cosmos. E imagínate que eres uno con Dios, el origen último de todo ser. En esta experiencia de la unidad se ha superado la duda. Has atravesado la duda para alcanzar el fundamento del ser, la unidad más profunda. Allí no puede entrar la duda.

La duda que rechaza la fe

Junto a esta duda que pertenece esencialmente a la fe y la desafía, también existe la duda que lo pone todo en cuestión. No se deja perturbar por ninguna inseguridad. Esta duda no existe solo ante la fe, sino ante cualquier ámbito del saber. Se duda de todo, porque no se está dispuesto a aceptar conocimientos nuevos. Se duda de todos los programas políticos, porque no se confía en absoluto en los políticos. Se duda de la sinceridad de los empresarios, porque solo se les atribuyen motivos egoístas. Se duda de todo para permanecer con firmeza en una postura cómoda. Se duda de los resultados de todas las investigaciones. Se cree que están encargadas por cualquier grupo de presión y que los resultados solo son los que interesan a los que han hecho el encargo.

Es cierto que en muchas ocasiones esta duda tiene razón de ser. En la actualidad existen muchas investigaciones, sobre todo en temas de salud, en las que es muy difícil saber lo que debemos creer. Se ofrecen consejos totalmente contradictorios sobre lo que es una alimentación sana. Ahí la duda es lo más recomendable. Pero algunos se aferran tanto a sus hábitos, por ejemplo, a los hábitos de comer, que no dejan que nadie les diga nada. Consideran que los consejos defienden los intereses de la industria de la alimentación, o son una expresión de posturas ideológicas. Por mucho que se dude de las investigaciones, por lo menos habría que analizarlas en serio y no rechazar de entrada lo que pone en cuestión nuestros hábitos.

En este sentido, también existe la duda fundamental sobre la fe. Siguiendo a Feuerbach, se niegan todas las afirmaciones de la fe como proyección de las necesidades personales. Cualquiera que proclame la fe persigue por eso motivos egoístas. Y la fe es simplemente una huida de la realidad hacia un mundo sagrado. Esta duda, que niega radicalmente la fe, considera que la teología moral es un pecado. Se trata de una duda que se niega a adoptar el punto de vista de la fe. Para esta duda, la fe es fundamentalmente un autoengaño. Pero que la persona que duda radicalmente también se esté engañando, porque rechaza cualquier cuestionamiento a su postura, es algo que se le escapa o no quiere ver. Este tipo de duda se refuerza en la actualidad a través de los medios, porque los medios informan sobre todo acerca de acontecimientos negativos. De esta manera, con frecuencia se denigra todo lo que está a la vista del público, que su vida no es la correcta, que solo causan un daño a la opinión pública. Así que no solo se socava la confianza en la política y en la Iglesia, sino también la confianza en los médicos, en los bancos, en la policía, en las autoridades. Por todas partes, solo hay personas que abusan de su poder y se esconden detrás de una fachada de respetabilidad. Este tipo de dudas provoca movimientos como el de los «Reichsbürger».* No se puede confiar en el Estado, por eso hay que defenderse de él. Pero no se tiene en cuenta que actúan en contra de las leyes y de los derechos humanos.

Quien duda de todo no acepta adquirir conocimientos nuevos. No quiere hacerlo para que su postura sea inatacable. Como todo los demás son malos, nadie puede decirle nada. Esta duda es destructiva. Con estas personas tampoco se puede discutir, porque tienen una opinión definitiva sobre todo, que no permiten que se ponga en cuestión.

---

* Literalmente, Ciudadanos del Reich. Movimiento de extrema derecha alemán, fundado en 1985, que niega la legitimidad y existencia de la República Federal de Alemania y considera que sigue vigente la Constitución de Weimar de 1919 y las fronteras del antiguo Reich alemán. *(N. del T.)*.

Cuando esta duda que lo rechaza todo se dirige contra la fe, busca todas las razones posibles para justificar que la religión es una fantasía y una ilusión. El que duda se apoya en la historia de la Iglesia y enumera todos los escándalos que puede encontrar en dicha historia. O señala el comportamiento inadecuado de muchos sacerdotes. Las personas que dudan de todo no solo buscan los errores y las debilidades de los demás, también le restan valor a todo lo que sea positivo. Las personas que se interesan por los demás reciben sus burlas con el calificativo de «bonachones». También cuando los médicos y las enfermeras, los servicios de emergencia y los policías ponen en riesgo su vida, se les resta todo valor. Solo quieren tener protagonismo. Las personas espirituales, que convencen a muchos por lo que irradian, son denigradas porque se les reprocha que se quieren construir un mundo sagrado.

Quien duda radicalmente de la fe, quien duda de manera que es incapaz de adoptar el punto de vista de los demás, busca miles de razones para no tener fe. Sin embargo, uno tiene la sensación de que en última instancia dudan de su duda. Por eso necesitan tantos argumentos para justificar su duda y su rechazo de la fe. Ahora bien, uno tiene la sensación de que quien necesita tantas razones es que no tiene ninguna. O la razón está en otro sitio, no en sus argumentos, sino en su rechazo fundamental a la fe. Con frecuencia, este rechazo tiene que ver con experiencias decepcionantes. Como una vez su fe quedó decepcionada o herida, no quieren saber nada más de ella. Las dudas racionales que se expresan sobre la fe tienen en última instancia la función de justificar su rechazo personal a la fe y cimentar su reacción ante las decepciones. Pero el hecho de que no están seguros en sus dudas se demuestra en la agresividad con la que rechazan la fe. La agresividad siempre es una muestra de inseguridad que la fe provoca en una persona. C.G. Jung lo ha demostrado con el ejemplo de san Pablo. Persiguió con dureza a los primeros cristianos porque en el fondo estaba inseguro ante su libertad de pensamiento, que ponía en cuestión sus ideas limitadas por la Ley.

¿En tu vida también hay personas cuyas opiniones y visión de la vida rechazas radicalmente? ¿Por qué las rechazas? ¿Has tenido malas experiencias con ellas? ¿Sientes que te quieren hacer daño con sus afirmaciones? ¿O te defiendes de ellas porque te provocan inseguridad, porque te cuestionan sobre lo que te mueve, pero que es algo que no te gusta analizar? ¿Qué pasaría si analizaras sus opiniones con objetividad y las evaluases? No es necesario que aceptes sus opiniones. Es posible que cuando las analices sientas que los otros van por el mal camino. Pero la disposición a analizar las opiniones de los demás te dará en última instancia una gran tranquilidad interior. Si lo rechazas todo de antemano, te quedarás intranquilo. De alguna manera, siempre estás en

tensión para defenderte de los demás y para buscar todos los argumentos posibles que demuestren que están
equivocados.

¿Existen también corrientes espirituales que rechazas
de antemano? ¿Por qué las rechazas? Está totalmente
justificado distanciarse de ciertas corrientes espirituales, ya sea porque no se corresponden con mis sentimientos y mis experiencias vitales, o porque me parece
que exageran. Pero antes de distanciarme como mínimo
debería intentar comprender estos movimientos espirituales y valorarlos sin aceptarlos o rechazarlos de inmediato. ¿En qué aspecto te provoca inseguridad el movimiento espiritual que rechazas? ¿Estaría bien que te
provocaran inseguridad otros movimientos espirituales
y dejases que apareciesen dudas sobre tu propio camino
espiritual?

6. La duda en momentos de enfermedad y necesidad

Muchas personas dudan de Dios cuando son víctimas de una enfermedad detrás de otra, o cuando en su entorno mueren muchas personas queridas. O dudan cuando contemplan el mundo y ven el caos que se nos presenta cada día en los medios de comunicación. La situación del mundo —tantas injusticias, tantas guerras y terrorismo, tanta pobreza y miseria— nos provoca muchas dudas sobre si este mundo se encuentra realmente en manos de Dios o en manos de poderes malvados. Desde siempre, los padecimientos del mundo son una fuente de dudas sobre la justicia y la omnipotencia de Dios.

En su libro *Kann man noch Christ sein, wenn man an Gott zweifeln muss?*, Heiner Geißler ha descrito sobre todo el padecimiento del mundo como la razón por la que él y muchas personas dudan de Dios. Y cita las famosas palabras del poeta alemán Georg Büchner (1813-1837) sobre el sufrimiento: «Esto es la roca del ateísmo» (Geißler, 22). Geißler pone en duda todos los intentos de la teodicea, de la justificación de Dios

ante el sufrimiento. El sufrimiento no permite creer en un Dios
todopoderoso y misericordioso. Geißler cita al maestro cristiano africano Lactancio que reflexionó hace 1.700 años sobre
la vieja cuestión que plantea la humanidad: «¿Por qué Dios no
ha evitado el mal? O Dios no puede hacerlo y entonces no es
todopoderoso, o no quiere y entonces no es bueno ni justo.
O puede pero no quiere, y entonces es al mismo tiempo impotente y malo. O puede y quiere, entonces, ¿por qué no lo
hace?» (Geißler ,11). Lactancio no es capaz de responder a la
pregunta. Deja que sea simplemente un desafío para que re-
flexionemos sobre nuestra imagen de Dios. Aparentemente nos
tenemos que despedir de la imagen del Dios todopoderoso y misericordioso. Dios es un misterio, que en última instancia no
podemos desvelar. Y el sufrimiento nos obliga a preguntar atra-
vesando todas las dudas: ¿quién es Dios? ¿Cómo podemos comprender a este Dios? ¿O Dios no existe? ¿O en realidad no existe Dios, tal como nos lo hemos imaginado? Entonces, ¿qué es
ese otro Dios, el Dios más allá de nuestras imaginaciones?

El objetivo de encontrarle un sentido al sufrimiento aparece
en todas las religiones. Y ninguna religión puede dar una respuesta totalmente satisfactoria a la cuestión del sufrimiento,
sobre todo ninguna respuesta racionalmente satisfactoria. La
respuesta cristiana, según Jürgen Moltmann, no consiste en
una respuesta metafísica, sino en una respuesta mística, según la cual «Dios está unido a nosotros en el dolor. Nuestro
verdadero sufrimiento también es su sufrimiento, nuestra pena

es su pena, nuestros dolores son también los dolores de su amor» (Moltmann, *LexSpi*, 781). Jesús tampoco nos da ninguna respuesta a la cuestión del sentido del sufrimiento, pero él se somete al sufrimiento y así lo transforma. Así nos muestra un camino por el que podemos atravesar el sufrimiento sin sucumbir ante él.

Un hombre me explicó que su compañera solo dudaba porque no podía comprender cómo en los últimos años había podido experimentar tantas desgracias. En el espacio de seis semanas habían muerto su padre y su madre, y medio año después le diagnosticaron un cáncer de mama. Creía que con la fe había superado la muerte de sus padres. Tras el diagnóstico de cáncer, su fe se derrumbó. Dudaba de la justicia de Dios. Sí, dudaba de si en realidad Dios estaba ahí, o si todo eso no eran más que imaginaciones.

En realidad, ¿dónde está el Dios que nos prometió que nos ayudaría? ¿Qué significado tienen las palabras de Jesús «Pedid y se os dará; buscad y hallaréis; llamad y se os abrirá» (Lc 11,9)? Para muchas personas que deben soportar un sufrimiento muy grande, estas palabras de Jesús caen en el vacío. No pueden creer en ellas. Dudan de estas afirmaciones. Y cuando el predicador habla demasiado de la confianza en Dios, sienten en su interior una resistencia ante esas palabras piadosas. Han confiado en Dios y han rezado con toda confianza para que su madre recupere la salud, pero ha muerto. La muerte hace que el creyente dude no solo de su confianza, sino también de Dios.

En dichas situaciones, la duda acerca de Dios es comprensible. Pero cuando la analizamos en profundidad, en última instancia estamos dudando de una imagen de Dios muy determinada a la que nos hemos aferrado: Dios es el padre bondadoso que cuida de mí. En la enfermedad, no tengo la sensación de que Dios cuide de mí. Parece que, en esa situación, todas las frases piadosas de la Biblia no tienen sentido. La duda destroza mi imagen de Dios. Sin embargo, al mismo tiempo, es un desafío para buscar una imagen nueva de Dios, o para buscar al Dios incomprensible. La nueva imagen de Dios no será tan nítida como la anterior, estará marcada por la incomprensibilidad. Y siempre, cuando nos imaginamos un Dios demasiado preciso, aparecerá la duda, porque no se puede conjugar esta imagen demasiado concreta y con frecuencia demasiado encantadora de Dios con la realidad del sufrimiento.

Pero la duda también destroza la imagen que tengo de mí mismo. Al mismo tiempo que dudo de Dios, cuando estoy enfermo, o cuando muere un ser querido, me doy cuenta de que he definido mi ser solo en función de la salud y de mi relación con esa persona amada. La duda me obliga a entrar en contacto conmigo mismo y a preguntarme cuál es mi verdadero ser. Mi ser es más que mi salud y más que mi relación con un amigo o con una esposa.

Un matrimonio se integró en un grupo de oración. La esposa pronunció oraciones especialmente piadosas, de manera que todos los demás se maravillaron de su fe profunda. Pero un día abandonó a su marido por otro hombre del que se había enamorado. No se despidió del grupo de oración y se negó a hablar con ellos. Los otros participantes del grupo de oración dudaron de la sinceridad de su fe: ¿era solo apariencia? ¿Fingió sus pensamientos piadosos? ¿O solo era una de sus partes con la que pretendía ocultar su parte infiel? Y los participantes dudan de sus propias oraciones. El esposo abandonado casi no puede seguir rezando. ¿Puede abandonarse la oración, o se trata solo de una huida piadosa ante los problemas asfixiantes de la vida?

Una mujer duda de Dios. Su esposo, que siempre ha estado en forma haciendo deporte, recibe el diagnóstico de un tumor agresivo. Ambos siempre habían encontrado consuelo en la fe. Ahora, la mujer duda de la bondad de Dios. Tiene miedo de si podrá conservar la casa cuando muera su marido. Su confianza en Dios desaparece. Duda de todo. Las palabras consoladoras de la Biblia, que antes siempre la habían fortalecido, ahora no lo hacen.

Es normal que el sufrimiento incomprensible nos haga dudar de Dios, porque Dios también es incomprensible. El sufrimiento nos obliga a desprendernos de nuestras imágenes de Dios, con frecuencia demasiado concretas, y abrirnos a la incomprensibilidad de Dios. Pero Karl Rahner opina que siempre debemos tener presente que la incomprensibilidad de Dios es, a pesar de todo, amor, pero un amor incomprensible. En caso de duda, solo podemos intentar dejarnos caer en el amor de Dios y, a pesar de todas las dudas, decir: «A pesar de todo, sigo firme en Ti, aunque no entiendo casi nada».

¿Qué te ha ocurrido cuando te han diagnosticado una enfermedad grave? ¿Has dudado de Dios, de si puedes confiar en él? ¿Y has dudado de ti? Quizá tenías la sensación de que siempre habías vivido de manera saludable, de que estabas en consonancia contigo mismo y que, a pesar de trabajar mucho, siempre te habías cuidado. Pero ahora has enfermado. Esto te deja una sensación de que dudas de ti mismo. ¿Me he hecho algún daño? ¿No he tomado en serio mi cuerpo?

¿Qué sufrimientos has padecido durante tu vida? ¿Qué muerte te ha hundido en una gran tristeza? ¿Y qué dudas surgieron de dicha tristeza? Durante la pena he experimentado con frecuencia sentimientos caóticos. ¿En estos sentimientos caóticos se encontraban también las dudas sobre todo, sobre el sentido de la vida, sobre Dios? ¿Cómo has superado las dudas? ¿Qué te ha ayudado a transformar las dudas y los sentimientos caóticos? ¿Las dudas te han conducido a una nueva imagen de Dios y a una espiritualidad más profunda? ¿O simplemente has obviado las dudas y te has volcado en el trabajo?

7. El anhelo de certeza

A algunas personas les asaltan las dudas cuando se ponen enfermas. Otras soportan la enfermedad con aceptación y tranquilidad interior. Un mujer me habló de su madre, que se preparaba para morir. Para ella era muy sencillo: «Dios quiere lo mejor. Está bien, tal como está. Dios sabe lo que es mejor para mí». Otra mujer respondió a mi pregunta de por qué, a pesar de todo el sufrimiento, no sentía ninguna inseguridad: «Es posible que no lo comprenda todo, pero confío en que Dios sabe por qué todo es así. Y lo acepto de Dios». Algo parecido me explicó un misionero acerca de una mujer africana que había vivido muchos sufrimientos, pero no estaba amargada. Estaba firmemente convencida de que Dios es bueno. Podríamos decir que esta fe lleva a una actitud fatalista. Pero las dos mujeres no daban la impresión de estar resignadas, sino de experimentar una gran tranquilidad ante todas las turbulencias de su propia vida y del mundo.

Cuando pienso en mis padres veo que se afirmaban sencillamente en la fe. Pasaron la época de la guerra, la evacuación a un pequeño pueblo en las montañas de Rhön porque su casa en Lochham, cerca de Múnich, se encontraba próxima a una fábrica de aviones y por eso corría peligro de quedar expuesta a los ataques aéreos; las necesidades después de la II Guerra Mundial, la quiebra del negocio y las grandes necesidades materiales. Pero nunca dudaron de Dios. Lo aceptaron todo con la certeza de que, a pesar de todo, se encontraban bajo la bendición de Dios y que Dios no los abandonaría. Para mi madre, esta fe se expresaba en una sola frase: «Nunca se tiene que perder la esperanza». Y cuando durante el último año sufrió una fractura del cuello del fémur y necesitó muchos cuidados, siguió aferrada a esta declaración. Cuando murió P. Sturmius, el hermano menor de mi padre, observé cómo mi padre se acercaba al féretro abierto. Estaba conmovido por ver a su hermano menor en el ataúd. Pero no se sintió conmovido en su fe. Se quedó muy erguido ante el féretro. Para mí fue una imagen de la fe, que lo mantenía erguido. Mis padres y seguramente muchas personas de su generación se mantuvieron firmes en la fe. Tenían la certeza interna que, en la actualidad, solo podemos anhelar.

Una hermana de mi madre heredó la granja de sus padres en Dahlem in der Eifel. Su marido murió en la guerra. Después de la guerra pudo seguir con la explotación con grandes dificultades y se volvió a casar. Su primogénito, que debía haber heredado la granja, murió de cáncer de piel y una hija, de leucemia. A pesar de todo eso, mi tía no se dio por vencida. Cuando le pregunté cómo lo había soportado todo, respondió con claridad y alegría: «Cada uno debe llevar su cruz». No dudaba de Dios ni de la bondad de Dios. Aceptaba el destino sin cuestionarlo. Lo interpretaba como la cruz que le había confiado Dios. Pero no estaba amargada por esa cruz. La aceptó y la llevó. A pesar de todos los sufrimientos había conservado su alegría interior.

La certidumbre en la fe de mi madre y mi tía no tenía nada de altivo ni intransigente. No defendían la verdad con argumentos. Y con su certeza en la fe no se habían querido imponer a nadie. Se ocupaban de personas que sufrían, sin decirles palabras piadosas. Simplemente las escuchaban y cargaban con el sufrimiento de los demás. Estaban dotadas de una certeza interior y una confianza en la fe que habían aprendido desde la infancia y con la que habían crecido. Eso les había dado firmeza en la vida, a pesar de todas las crisis y todo el sufrimiento que habían tenido que soportar. En la actualidad anhelamos semejante certidumbre en la fe, semejante tranquilidad interior, que no desaparece a pesar del sufrimiento. No elimina el sufrimiento, sin embargo, lo acepta porque tiene unos cimientos que no se conmueven. Semejante certeza en la fe no se manifiesta en grandes declaraciones: «No tengo la menor duda. Sé muy bien que Dios me ayuda». En la mayoría de los casos, esta certeza en la fe se expresa de manera callada y humilde. Con ella no se puede convencer a nadie. Pero cuando se pregunta, se puede responder con toda tranquilidad y seguridad: «A pesar de todo siento que Dios me guía. Lo que tengo que cargar es pesado, pero lo acepto. Confío en que tiene un sentido». La fe también da sentido a las cosas difíciles de la vida. No duda cuando no se cumplen nuestras ideas sobre la vida.

Este tipo de certeza en la fe también la he comprobado en hermanos de claustro. El hermano Joachim fue durante mucho tiempo encargado de misiones y ayudó a muchas personas en África. Durante 10 años tuvo que ir tres veces por semana a Wurzburgo a someterse a diálisis. El taxista que lo llevaba y las enfermeras y los médicos que lo atendían durante la diálisis se sintieron conmovidos por su serenidad. Cuando supo que la diálisis había dejado de funcionar y que se debía preparar para morir, lo aceptó con serenidad. Se despidió de sus colaboradores del servicio de comercio justo que había fundado. No se peleó con Dios. Estaba agradecido por la vida que había podido llevar, y así se pudo ir con toda confianza y con toda serenidad, con la certeza de que los brazos amorosos de Dios lo iban a recibir.

No podemos rebobinar el tiempo. Las dudas nos asaltan desde todos los lados. Sin embargo, cuando hemos superado las dudas, también debemos estar agradecidos de pasar un tiempo sobre terreno firme, cuando sencillamente nos hemos decidido contra cualquier duda sobre la fe. Y la fe siempre es una decisión. Y cuando hemos llegado a esa decisión, no es necesario que la pongamos continuamente en cuestión a través de la duda.

Peter Wust, en su descripción detallada de la *insecuritas*, de la inseguridad de la persona, ha buscado una respuesta en el «atrevimiento para llegar a la sabiduría». Por este atrevimiento entiende «la sabia unión de la fuerza espiritual y la agilidad espiritual» (Wust, 276). La sabiduría no consiste en saber mucho, sino en una visión profunda de la realidad. Conduce «a cierta noble serenidad, en la que la tranquilidad y la actividad se funden en una unidad armónica» (*Ibídem*, 280). Lo que he explicado de las mujeres sencillas, que aceptan su destino con serenidad y alegría, lo describe Wust como señal de una sabiduría profunda, de una sabiduría sobrenatural, de la sabiduría de la fe: «El sabio no solo ve claro el sentido más profundo de la vida y no solo reconoce las exigencias que le plantea este sentido de la vida. Se somete a estas exigencias y se acomoda al sentido de la vida, y no de manera rencorosa o desesperada o resignada, sino asombrado, agradecido, alegre, con una seguridad infantil y soberana que solo puede ofrecer un gran amor» (*Ibídem*, 280). Wust considera que esta sabiduría verdadera, la sabiduría de la fe, con frecuencia le resulta más difícil a las personas formadas, a los filósofos y a los teólogos, que a las personas sencillas. Así entiende la expresión de júbilo de Jesús: «Te alabo, Padre, Señor del cielo y de la tierra, porque escondiste estas cosas de los sabios y de los entendidos y las revelaste a los niños» (Mt 11,25).

Con frecuencia veo esta sabiduría en las personas sencillas como mi madre o mi padre, o como los muchos ancianos que he podido conocer y cuya fe firme me ha maravillado. Y veo esta sabiduría en algunos hermanos ancianos, en hermanos que ya han muerto y que hasta el final se mantuvieron firmes en su confianza y en su certeza en la fe con una alegría y una felicidad interiores. A mí, no me resulta fácil imitar la fe de mis padres y de los hermanos más ancianos. No obstante, cuando dejo aparecer todas las dudas y me decido por la fe, entonces recibo un atisbo de lo calmante que es: simplemente creer y no poner todo en cuestión de manera continuada. Eso no significa que no cuestione las palabras de la Biblia o de los contenidos de la fe. Intento comprenderlos. No los pongo en duda. Apuesto por la carta de la fe. Y de esta manera intento abarcar lo inabarcable y comprender lo incomprensible. Pero mi duda no rechaza lo incomprensible.

Peter Wust afirma que nos encontramos en la penumbra entre la certeza y la incertidumbre. Yo también conozco esta tensión cuando me situó sobre la tierra firme de la fe. Esto evita que convierta la certeza de la fe en un fundamentalismo estrecho y duro. Es —como escribe Peter Wust— una certeza alegre, una certeza serena. Solo cuando la alegría, la serenidad y el amor se unen a la certeza de la fe, equivale a la fe como se describe en la Epístola a los Hebreos: «Es, pues, la fe la certeza de lo que se espera, la convicción de lo que no se ve» (Heb 11,1).

Los que dudan anhelan esta certeza en la fe y también la anhelan las personas que en la actualidad están expuestas a una multitud de cosmovisiones. Se trata del anhelo de una fe, que ayuda, que no hay que cuestionar continuamente. Y se trata del anhelo de una fe sencilla, que se fundamenta en una convicción clara: Dios está aquí. Dios es bueno. Dios quiere lo mejor para mí, aunque no entienda mi vida ni el mundo. Pero para mí también se trata de una certeza de la fe que tiene el valor de confiar en la Biblia y de confiar en las enseñanzas espirituales de la Iglesia, que ve estos textos como un desafío para entenderlos, darles sentido, luchar con ellos hasta comprenderlos. Se trata de una fe optimista, pero que no cierra los ojos ante las cuestiones de las personas ni ante las preguntas que surgen en el propio corazón. Para mí está claro: apuesto por la Biblia. Y confío en que todas las palabras de la Biblia me muestran el camino hacia una vida verdadera. Para eso, siempre sigue siendo válido el lema de la exposición de san Agustín: «La palabra de Dios es el enemigo de tu voluntad hasta que se convierta en el artífice de tu salvación. Mientras sigas siendo tu propio enemigo, la Palabra de Dios también será tu enemigo. Sé tu propio amigo, entonces también la Palabra de Dios está en consonancia contigo». No me pregunto si las palabras de la Biblia son contemporáneas o están destinadas a su época, si son válidas o no en la actualidad. Las acepto como Palabra de Dios. Intento luchar con ellas hasta que se abren ante mí. Y un criterio de que se abren para mí de la manera correcta siempre es que me convierta en mi propio amigo, que me relacione amistosamente conmigo y con las demás personas.

Un hombre me explicó: el domingo por la mañana se presentó un vecino en su vivienda de alquiler en una gran ciudad del sur de Alemania para pedirle un favor. Le respondió al vecino: «Ahora no puede ser, porque voy a misa». El vecino se sorprendió de que aún se hiciera algo así en nuestra época ilustrada. Pero presumiblemente se sintió inseguro por la claridad y seguridad con que se lo dijo el hombre. El hombre era un buscador intelectual, no un creyente sencillo; sin embargo la certeza con la que, a pesar de todas las dudas sobre los contenidos de la fe, asistía con regularidad a la misa dominical conmovió aparentemente al vecino. Pero para no parecer inseguro decidió quitarle valor a la asistencia a misa y calificarlo como algo pasado de moda. Hace bien a las personas en nuestra sociedad insegura y desorientada cuando los cristianos sencillamente se mantienen firmes en su fe, gracias a su certeza interior, y hablan de ella cuando se les pregunta.

La cuestión es cómo podemos llegar a esta certeza. No se trata de ahogar las dudas. No obstante, con todas las cuestiones que se plantean sobre la Iglesia actual, tomar la decisión de asistir a la misa dominical aporta una claridad interior. Cada domingo analizo la cuestión del sentido de la vida y la cuestión de la trascendencia. Me planteo la cuestión de qué es lo que me mueve realmente. No siempre puedo describir lo que me mueve realmente, pero, en la medida en que me decido por la misa dominical o por un ritual espiritual diario, siento lo que me mueve. Solo relacionarme con Dios en un ritual me da tranquilidad. En todas las misas o en todos los rituales personales no siento la cercanía de Dios, pero sé que me hace bien presentarme ante la presencia sanadora de Dios. Puede ser un ritual personal con el que inicio la mañana y termino la noche, y puede ocurrir en la misa dominical. Me tomo mi tiempo para escuchar la Biblia y su explicación por parte del predicador, para dejarme cuestionar. Y me sumerjo en el misterio de la eucaristía con la que celebro no solo la transformación del pan y el vino en el cuerpo y la sangre de Cristo, sino también mi transformación. Y sé que me hace bien transformarme cada vez más en la figura única que Dios tiene pensada para mí.

La reacción insegura del vecino ante la asistencia regular a misa del hombre demuestra que en la actualidad muchas personas anhelan una certeza como la que ofrece la fe. Anhelan personas que permanecen fieles a su fe y que al mismo tiempo se abren a las cuestiones que plantea este mundo. Y anhelan una certeza interior que les ayude. Certeza no es lo mismo que seguridad. La palabra alemana *gewiss* [cierto] deriva de *wissen* [saber]: lo que se conoce. Y originalmente *wissen* significa ver, reconocer. Por eso *Gewissheit* [certeza] también significa una visión interior. He visto algo. Seguridad, en cambio, deriva del latín *securitas*, que significa *sine cura*, «sin preocupación, despreocupado, indiferente». Existe una falsa despreocupación que se opone a la esencia de la persona. La persona —según Martin Heidegger— es esencialmente alguien que se preocupa. Por eso, la seguridad es en realidad una ilusión, porque no existe ninguna despreocupación radical. Solo existe —como predicó Jesús— la relativización de las preocupaciones, la transformación de la preocupación angustiosa en el cuidado bondadoso. En el lenguaje jurídico original, la seguridad significa quedar sin castigo ni obligación. Por eso, la seguridad se refiere a una seguridad exterior; desde fuera no amenaza ningún peligro. Ahora bien, la certeza es una actitud interior. He aprendido algo y por eso tengo la certeza. Todos anhelamos esa certeza en medio de la incertidumbre, la despersonalización y la inseguridad de este mundo. Pero no podemos llegar a esta certeza interior si reprimimos nuestras dudas, sino si las dejamos aflorar y las reflexionamos en profundidad. Entonces, las dudas nos conducen a una nueva certeza, a una sabiduría nueva, de la que habló Peter Wust.

Los antiguos monjes desarrollaron dos métodos para llegar a una certeza interior: primero la *lectio divina*, después la *ruminatio*, la repetición, la reflexión repetida de las palabras de la Biblia. En la *lectio divina* leo las Sagradas Escrituras, pero no para aumentar mis conocimientos ni para dudar del texto, sino que asumo las palabras que me está diciendo Dios en ese momento. El primer paso —la *lectio*— significa que leo la Palabra de Dios para descubrir en ella el corazón de Dios. El segundo paso —la *meditatio*— consiste en dejar que la palabra penetre en el corazón y degustarla. No dudo de la palabra, sino que intento experimentarla. Entonces me pregunto: si esta palabra es cierta —y parto de ahí—, ¿qué experiencias adquiero, cómo me siento, quién soy? El tercer paso —la *oratio*— consiste en pedir a Dios que me deje probar realmente lo que siento para fundirme con la palabra. El cuarto paso —la *contemplatio*— consiste en dejarse conducir por las palabras hacia el espacio sin palabras del silencio, en el que nos fundimos con el Dios que está más allá de las palabras.

Cuando guío en esta práctica a los participantes de los cursos, siempre les digo: cuando leemos un texto, siempre se nos plantean dudas, por ejemplo, ¿Jesús pronunció realmente esas palabras, o se las inventó el autor? Es importante tranquilizar nuestra razón cuando leemos la Biblia. Pero ahora en la *lectio divina* hacemos simplemente como si el texto fuera correcto. La duda la dejamos para mañana. Ahora asumo sencillamente las palabras, por ejemplo, el versículo de la Epístola a los Gálatas: «Ya no vivo yo, mas vive Cristo en mí» (Gal 2,20). Cuando intento degustar este versículo me conduce a una certeza interior, a una experiencia profunda. Me conduce al fondo de mi alma, en el que soy uno con Cristo y uno con mi verdadero yo. Esta experiencia interior ofrece otra forma de certeza que se diferencia de los argumentos racionales.

El otro método con el que los monjes nos quieren conducir hacia la certeza interior es la *ruminatio*. Los monjes adoptaron la palabra de la rumia de la vaca. De la misma manera que la vaca vuelve a masticar los alimentos, así volvemos a masticar una y otra vez la Palabra de Dios hasta que penetra en todo nuestro ser y nos llena de alegría y amor interiores. Ante mi inseguridad, mis dudas sobre mí mismo, mi salud mental, la sinceridad de mi espiritualidad, me recito las palabras de 2 Cor 5,17: «Si alguno está en Cristo, nueva criatura es; las cosas viejas pasaron; he aquí todas son hechas nuevas». Algunos piensan que solo son palabras. Pero cuando dejo que las palabras penetren realmente en mí y las rumío, conducen a una certeza interior: sí, en mí no están solo mis errores y debilidades, no solo me acosa mi pasado, en mí hay algo nuevo, creado de nuevo por el espíritu de Jesús. Y esto nuevo me lleva a una nueva experiencia de mí mismo.

8. Dudar de los dogmas

Cuando hablo con personas que en su momento fueron mona-
guillos y después se alejaron de la Iglesia, escucho con frecuencia: no puedo creer en los dogmas. Dudo que Jesús nacie-
ra de una virgen, que Jesús fuera el hijo de Dios. Dudo de la
resurrección de los muertos y de la infalibilidad del papa. Estas personas consideran que solo hay dos posibilidades: o el
dogma es verdadero, o no lo es. Yo no me planteo esas alternativas. De entrada, me tomo en serio todos los dogmas. Pero
mi deber es comprender esos dogmas. Tengo una licenciatura
en dogmática, y para mí el aprendizaje más importante alrededor de los dogmas era: los dogmas no son una expresión de altivez, sino que quieren mantener abierto el misterio. Y la dogmática es el arte de mantener abierto el misterio indescriptible
de Dios y de nuestra salvación.

Antes de que discutamos si Jesús nació de una virgen y de si
es el hijo de Dios, deberíamos reflexionar sobre lo que nos
quieren decir esas afirmaciones. Solo existen dogmas sote-
riológicos, es decir, dogmas que nos quieren decir algo sobre

nuestra salvación. Y si Jesús nació o no biológicamente de una virgen, no tiene ninguna influencia sobre nuestra salvación. Por eso se trata de una afirmación teológica y no biológica. La dogmática no dice nada sobre la biología. Eso queda abierto. Pero lo decisivo es que Dios situó en María, la Virgen, un nuevo comienzo, para que naciese una persona que estuviera totalmente empapada de Dios. Y es posible que eso lo pueda aceptar una persona que duda. Cuando reflexionamos sobre lo que significa que Jesús era y es el hijo de Dios, deberíamos abarcar toda la riqueza de esta afirmación. En el Antiguo Testamento, el Hijo de Dios designa, en primer lugar, una relación muy intensa con Dios. En este sentido, los reyes de Israel también fueron Hijos de Dios. Pero los teólogos griegos, con la ayuda de su filosofía, le han dado una expresión nueva a la afirmación bíblica sobre la cercanía extraordinaria de Jesús con Dios, como la describe la Biblia. Y cuando se reflexiona filosóficamente sobre Jesús como Hijo de Dios, entonces se llega a la conclusión de que Jesús es el Hijo de Dios. El ser es algo más que un símbolo. Es una realidad. La filosofía griega expresa algo esencial de Jesús. Él es realmente el Hijo de Dios. Pero el significado exacto de esto no se puede explicar con facilidad. Y los teólogos griegos discutieron durante siglos para aclarar la relación exacta entre Dios y el hombre en Jesús. Deberíamos respetar estos intentos de aclaración. Ahora bien, eso no significa que con ello se haya resuelto de una vez por todas el misterio de la filiación divina de Jesús. En la actualidad, con nuestros conocimientos filosóficos y psicológicos, también debemos intentar explicar este misterio de una manera nueva. Lo decisivo es que no describamos a Jesús como algo conocido, sino que hablemos de él de manera que el misterio siga presente en él, que estamos abiertos a lo incomprensible que encontramos en Jesús. Para Paul Tillich, Dios es lo que nos interpela radicalmente. Cuando hablamos de Jesús como Hijo de Dios, nos estamos refiriendo a lo que esa persona nos interpela radicalmente, a lo que no nos podemos imaginar sobre él como sobre cualquier otra persona limitada, condicionada por las situaciones históricas reinantes en aquel momento. Tenemos que asumir las palabras de Jesús sabiendo que es Dios mismo quien nos habla y nos cuestiona.

Por eso, para mí la alternativa no consiste en rechazar algunos dogmas, sino interpretar y comprender todos los dogmas continuamente de manera nueva. La teología dice: comprender lo que creo. Y el que duda tiene derecho a que intente aclararle el misterio de Dios y el misterio de Jesús. No se lo puedo demostrar, pero puede convencer a su razón para que no considere que estos dogmas no tienen sentido, sino que llevan consigo un significado más profundo.

Muchos teólogos católicos tuvieron grandes dudas cuando se fijaron los dos últimos dogmas: el dogma de que desde el momento de su nacimiento María estuvo libre del pecado original (establecido por el papa Pío IX en el año 1854) y la ascensión de María en cuerpo y alma al Cielo (establecido por el papa

Pío XII en 1950). También se puede dudar de que, teniendo en cuenta a los hermanos y hermanas evangélicos, fuera demasiado inteligente establecer estos dogmas. Pero yo no tengo ningún problema con los dogmas. C.G. Jung, como psicólogo, saludó el dogma de la ascensión corporal de María al Cielo, porque para él representaba una valoración de lo femenino. Para mí se trata más bien de ver en los dos dogmas una imagen de nuestra salvación. En nosotros existe un espacio que no ha sido tocado por el pecado original. Resulta saludable creer que en mí existe un espacio en el que no existe ninguna culpa ni ninguna sensación de culpabilidad. Y también es una buena nueva, cuando escuchamos sobre el viaje celestial de María, saber que al morir nos recibirán en el Cielo como a una persona completa, es decir, en cuerpo y alma, aunque transformados. Confío en que, a pesar de algunas formulaciones enrevesadas de estos dogmas, sea obra del Espíritu Santo y que exprese algo esencial sobre nuestra salvación. Tendría problemas si un papa planteara la idea de dogmatizar sobre la enseñanza moral de la Iglesia. Bajo el papa Juan Pablo II dicha tendencia hizo acto de presencia en Roma. Pero esto habría ido contra toda la dogmática católica y contra la tradición teológica, porque desde el origen no existen dogmas morales. La moral es un movimiento. Los dogmas solo quieren explicar algo sobre el misterio de nuestra salvación. Pero tenía confianza en que el Espíritu Santo impediría que se impusieran teólogos romanos mal formados. Y lo impidió.

En la actualidad hay muchas personas que no dudan de algún dogma concreto, sino que dudan radicalmente de que nadie me pueda fijar o imponer algo en mi fe. En la actualidad aumentan los que no pertenecen a ninguna confesión. En inglés se les llama los *Nones*, porque cuando se les pregunta sobre religión no marcan la casilla «cristiano» ni «otros», sino *none*, «ninguno». Linda Woodhead, una profesora inglesa de sociología de la religión, describe a estos *Nones* de la siguiente manera: «Son personas que en su mayoría fueron educados como cristianas y que ahora están convencidas de que cada individuo está obligado a decidir cómo vive su vida, sin obedecer a autoridades superiores. Los *Nones* rechazan las religiones como una fuente obligatoria de valores» (*Psychologie heute*, diciembre de 2018, 14). Muchas de estas personas se definen como creyentes. Están abiertas a la trascendencia. «No les gustan los dogmas, ninguna prescripción moral, rechazan todo tipo de dirección. Los *Nones* quieren tomar sus propias decisiones o, como mínimo, tener la sensación de que pueden llegar a tomar decisiones» (*Ibídem*, 14). El porcentaje de *Nones* está en Alemania en el 34%, en Inglaterra representa a más de la mitad de la población. Se trata de un nuevo desafío para la Iglesia, que debe afrontar sus puntos de vista y tomar en serio sus dudas sobre las religiones establecidas. En el pasado, las Iglesias con frecuencia actuaban de manera que indicaban a las personas exactamente lo que debían creer y cómo tenían que vivir. Con eso olvidaban la libertad que Jesús ofreció a las personas.

Al hablar con estos *Nones* se trata de afrontar sus dudas sobre las afirmaciones dogmáticas, pero al mismo tiempo dejarles claro que también es una enseñanza cristiana el hecho de que cada persona debe vivir según su conciencia. En su conciencia es libre. Pero la educación también significa lidiar con la tradición. Eso es válido para la filosofía, para las ciencias naturales y también para la religión. Como teólogos no podemos parecer los sabelotodo, sino personas que buscan y dudan, pero que en sus dudas buscan un terreno firme sobre el que asentarse. Este terreno lo tiene que buscar cada uno por sí mismo. Sin embargo, como teólogos es nuestro deber acompañar a las personas en la búsqueda de ese terreno. La tradición espiritual no es ningún sistema autoritario que debe aceptar cada persona, pero está lleno de sabiduría y en el diálogo puede desviar a las personas de caminos erróneos, que podemos encontrar con frecuencia en el terreno religioso.

Los *Nones* no rechazan solo los dogmas, sino también la Biblia como libro vinculante, como la revelación de Dios, que deben seguir. Consideran que la Biblia es un libro importante de nuestra tradición occidental. Así, Bert[olt]* Brecht, que se define como ateo, ha señalado que la Biblia es para él el libro más importante. Nuestro deber es ayudar a las personas en la interpretación de la Biblia, porque muchas no entienden la Bi-

* Bert es la forma familiar de Bertolt y se refiere a Bertolt Brecht. *(N. del T.)*.

blia cuando la empiezan a leer. En ese caso, con frecuencia la dejan de lado. Otros quieren ver la Biblia como literatura, a la que se pueden acercar con toda libertad, sin dejarse imponer condiciones por parte de los exegetas.

Para mí está claro que siempre me quedo con la Biblia. Sé, por supuesto, que no cayó sencillamente del Cielo, sino que fue redactada por escritores humanos. Pero, a pesar de eso, en sus palabras veo la Palabra de Dios que se dirige a mí. Eso no significa que le dé un valor absoluto a las palabras de la Biblia. Tengo que analizarlas hasta que las comprendo. En la discusión con el exegeta evangélico Ulrich Lutz —con toda la cercanía durante la conversación y con el máximo respeto entre nosotros— constatamos que manteníamos dos posturas diferentes al tratar de la Biblia. Ulrich Lutz dijo que le gustaría borrar algunos pasajes bíblicos que le resultan desagradables. Yo le respondí que mi actitud era diferente. Intento tomar en serio las palabras de la Biblia, pero reflexiono sobre ellas hasta que se me revela su sentido más profundo. Aun así tuve que dar la razón a Ulrich Lutz sobre algunas afirmaciones en las epístolas del Nuevo Testamento. Pablo habla a veces de manera muy apasionada, se deja llevar por las emociones. Estas afirmaciones no se deben tomar de manera absoluta, sino que hay que intentar relativizarlas en el contexto histórico. La ciencia bíblica crítica nos ha dado los mecanismos para saber cómo debemos interpretar algunos textos bíblicos. Pero para mí sigue siendo válido no eliminar ningún texto. Mi deber es reflexionar sobre ellos hasta que los entiendo. Y entender el texto también significa siempre comprenderme mejor.

Pero, aunque reconozco que Dios me ha dado todos los textos bíblicos, eso no quiere decir que todos los textos tengan la misma importancia para mí. Las crónicas bélicas del Antiguo Testamento no las tengo que tomar al pie de la letra, porque entonces tendría una imagen de Dios muy militarista. En el contexto de la Biblia, estos textos ya se entendían de manera simbólica como lucha contra los enemigos interiores, que en la actualidad también quieren ejercer su poder sobre nosotros. Tomar en serio los textos bíblicos no significa aceptarlos de manera fundamentalista. Los fundamentalistas no tienen en cuenta que los textos bíblicos no presentan un solo lenguaje, sino que siguen diferentes niveles del lenguaje. Hay relatos de sanaciones, parábolas, metáforas, advertencias, cuentos, historias de encuentros, llamamientos, y cada uno de estos modelos tiene un significado propio. Siempre se trata de buscar y preguntar para comprender los textos bíblicos de manera que podamos conocer lo que quieren decir realmente y para que los textos nos conmuevan personalmente.

Selecciona una afirmación dogmática de la Iglesia con la que tengas problemas. Puedes leer en los libros cuál es su verdadero significado. O puedes confiar en tu instinto. Intenta entender para ti estas afirmaciones teológicas que al principio pueden sonar muy abstractas. Para esto hay dos cuestiones importantes que te puedes plantear: 1. ¿Qué dice esta afirmación sobre Dios y su relación con la humanidad? ¿Cuál es la buena nueva de esta afirmación para nosotros? 2. ¿Qué dice esta afirmación sobre mí? ¿Hasta qué punto es esta afirmación una buena nueva para mí? ¿Qué dicen estas palabras sobre mi salvación, sobre la curación de mis heridas, sobre mi salud interior?

Quizás encuentres por ti mismo el significado de esas palabras, si tienes en cuenta los dos criterios de que todas las afirmaciones quieren expresar algo sobre la acción salvadora y redentora de Dios, y algo sobre nuestra salud, sobre lo adecuado para nuestra vida.

Selecciona una parte de la Biblia que con frecuencia te ha incomodado. Y entonces intenta analizar ese pasaje. Si te incomoda, pregúntate: ¿Me incomoda la explicación que he escuchado hasta ahora? ¿Me incomodan las palabras, porque me recuerdan viejas heridas de mi niñez? En ese caso sería bueno analizar con más detalle por mí mismo el pasaje y mis heridas internas. Y te puedes preguntar: ¿Hasta qué punto quieren orientar mi vida

estos versículos, para llevar una vida buena y favorable?
¿Y de qué ideas sobre la vida me tendría que despedir
para poder seguir el camino al que me invitan las palabras de la Biblia? También en este caso está presente el
criterio importante de que las palabras de la Biblia no
nos quieren provocar miedo, sino que nos quieren abrir
los ojos a la verdad para seguir el camino hacia una vida
plena.

9. Gestionar las dudas de los niños

Hay padres que me explican con frecuencia que sus hijos dudan y rechazan la fe. A menudo se trata de niños en la pubertad. En ese momento tienen un pensamiento puramente científico. Por eso dicen: «Dios no puede ser demostrado. Solo se puede demostrar lo que se puede ver. Las ciencias naturales nos dicen lo que es real y lo que no lo es. Y Dios no existe para las ciencias naturales». Una mujer me explicó que su nieto de 4 años le dijo: «Dios no existe. No existe un creador, porque el Big Bang creó el mundo». Está claro que el niño oyó algo y lo tomó como una verdad absoluta. Pero en la actualidad los padres y los abuelos se tienen que plantear este tipo de preguntas. Y obligan a los adultos a reflexionar sobre cómo pueden responder a estos argumentos y dudas.

A veces, los jóvenes asumen el argumento de Feuerbach de que la religión solo es una ilusión. El hombre ha limitado a Dios para tener una vida más cómoda y para compensar su miedo a la muerte y a la desaparición. A veces, los jóvenes también argumentan con los escándalos de la historia de la Iglesia, que han aprendido en clase. Los sacerdotes han abusado sexualmente de niños. Esa es una señal de que su mensaje es falso. A veces, en realidad los jóvenes no abandonan la fe, pero les dicen a sus padres que la Iglesia no les dice nada. La misa no me aporta nada, por eso no me ocupo de ello.

Muchos padres se sienten impotentes para responder de manera adecuada a los argumentos de sus hijos. Tiene poco sentido quitarle importancia a todos los argumentos de los hijos y demostrarles que Dios existe. Y no tienen ningún sentido defender a la Iglesia siempre y por encima de todo; lo que no era bueno, no lo era. Eso habría que admitirlo abiertamente. Y si a los hijos no les apetece asistir a misa, hay que aceptarlo. Pero se les puede preguntar: «¿Qué te puede ayudar a reflexionar sobre tu vida y encontrarle un sentido?». Y se les podría decir: «En cualquier caso, tiene sentido bajarse cada semana al menos una hora de la rueda de hámster de la vida y reflexionar sobre ella. Si la misa no es el lugar adecuado para ti, ¿qué te podría ayudar para tener más claro qué quieres hacer con tu vida y qué sentido tiene?».

Los padres tendrían que tomarse en serio las cuestiones de los hijos y ocuparse de ellas. Ahora bien, la mejor forma de hacerlo es hacerles preguntas a los hijos. La primera pregunta es: ¿cómo te imaginas a Dios? ¿En qué Dios no puedes creer? Así, con frecuencia se pone en evidencia que los jóvenes rechazan un Dios que es un supergenio, o alguien que lo controla todo desde arriba y todo depende de él. En ese caso sería conveniente hablar del misterio de Dios, del misterio que es mucho más grande que nosotros, que nos rodea. Que alguien crea o no crea en Dios no tiene que ver con las muestras externas de la fe, sino con si está abierto al misterio que nos rodea.

Y a continuación se podría hablar de los valores invisibles: del amor, que tampoco se puede demostrar, de la belleza, que se refleja en todos. ¿Qué es la belleza? ¿Qué oigo cuando escucho una música hermosa? ¿La música nos abre para la trascendencia, para lo inaudible? ¿Qué veo cuando contemplo la belleza de una flor o de un árbol? La belleza de la creación, ¿no señala hacia la belleza original del propio Dios? ¿Todo eso se puede explicar con las ciencias naturales? O resulta que las ciencias naturales solo describen la apariencia exterior. Y cuando escuchas en tu interior, ¿qué es lo que encuentras? ¿Lo que surge es solo la historia de tu vida? ¿O tu estilo de vida poco saludable? ¿O sospechas que en ti hay algo que es más grande que tú?

Algunos jóvenes han oído hablar de las investigaciones sobre el cerebro. Entonces argumentan que los sentimientos religiosos se pueden localizar en ciertas zonas del cerebro. Pero los mismos sentimientos se podrían generar por otras influencias en el cerebro. En este caso, tampoco debemos capitular. El cerebro se puede comparar con un piano que toca un pianista.

Pero se necesita al pianista para que suene una música hermosa. Lo mismo pasa con el cerebro. Los sentimientos demuestran reacciones en el cerebro. Pero la neurología moderna también demuestra que a través de nuestros pensamientos, mediante la meditación, con la oración y mediante la fe se pueden provocar ciertas reacciones en el cerebro. El cerebro no demuestra nuestros sentimientos religiosos, sino nuestra alma, nuestro espíritu. El cerebro solo refleja los sentimientos y las experiencias religiosas.

Con frecuencia, con sus dudas sobre Dios o mediante una expresión declarada de incredulidad, los jóvenes solo quieren provocar a sus padres. Quieren ver qué mueve realmente a sus padres y cómo entienden su fe. Está bien que los padres acepten esta provocación y entablen una conversación con los jóvenes. Pero no hay que mantenerla de una manera autoritaria, sino recibir con sinceridad las preguntas y los argumentos de los jóvenes. En ese caso, se trata de un desafío para los padres, que tienen que reflexionar en profundidad sobre lo que les mueve realmente y cómo entienden su fe.

Cuando los jóvenes u otras personas que dudan presentan como razón para no creer los escándalos de la historia de la Iglesia, por un lado habría que reconocer que hay muchas cosas de la historia de la Iglesia que no han sido buenas, pero entonces habría que preguntarles a los jóvenes: «¿Por qué necesitas la historia de todos los escándalos para demostrar que la fe no tiene sentido? ¿Por qué tienes que presentar tantas razones para justificar que no crees? ¿Por qué te defiendes de esa manera contra la fe? ¿En todos estos intentos no se encuentra un anhelo profundo para encontrar la fe, que te sostenga y en la que puedas confiar?». Como mínimo, estas preguntas provocarán inseguridad en los jóvenes y no presentarán de una manera tan altiva todos los errores de la Iglesia para defenderse de la fe.

Tómate un tiempo para mantener una conversación sobre la fe con tu hijo o tu hija. Pero libérate de la presión de tener que justificar tu fe ante tu hijo o tu hija, o de tenerlo que atraer a la fe. Pregunta simplemente cómo ven la fe tus hijos, qué es lo que no entienden, qué dudas tienen. Y pregunta con sencillez qué les mueve y qué es importante para ellos, qué les gustaría hacer con su vida para dejar huella en este mundo. Y entonces intenta describir tu fe. Pero no escondas tus dudas, sino explícales cómo quieres creer a pesar de todas las dudas y cómo lo consigues y cómo no lo consigues. Es importante que en la conversación quede claro el respeto por el punto de vista de los hijos y que hables con mucha sinceridad sobre tu fe. Esto también será un desafío para ti, porque tendrás que analizar lo que te mueve y qué significa la fe para ti. Al final de la conversación, no se tiene que llegar a ningún consenso, sino que cada uno siga de manera respetuosa con sus puntos de vista. Precisamente, si no tienes como objetivo atraer a tus hijos a la fe, la conversación será estimulante para ellos, te comprenderán mejor.

También es posible que tus hijos se nieguen a participar en la conversación. Eso demuestra que no están tan seguros de sus dudas sobre la fe, que es posible que duden de sus dudas, pero no están dispuesto a admitirlo. Resulta doloroso aceptar la negativa a conversar; sin embargo, como mínimo puedes expresar el deseo de que te gustaría saber qué piensan tus hijos y qué les preocupa.

10. Fe y desesperación

Un tipo especial de duda es la desesperación.* La desesperación es «la reacción afectiva ante una falta de esperanza real o supuesta» (Seigfried, *LexSpir*, 1057). Las razones de esta desesperación se encuentran en el reconocimiento del propio fracaso. Se tiene la sensación de que uno no consigue lo que quiere, que la imagen que tiene uno de sí mismo no es correcta y que se ha fracasado ante Dios. O uno se desespera al experimentar un sufrimiento sin sentido. No se ve ninguna salida. Cualquier cosa es demasiado. La desesperación puede ser dos cosas: una expresión del pecado, pero también una expresión de una experiencia muy dolorosa que supera las fuerzas de la persona. La desesperación en este segundo sentido puede llevar al creyente de una manera nueva hasta Dios, que en medio de la situación es el único cimiento que lo sostiene. A continuación me gustaría describir estos dos aspectos de la desesperación.

---

* En alemán, *Zweifel* (duda) y *Verzweiflung* (desesperación) derivan de la misma raíz, algo que no ocurre en castellano. *(N. del T.)*.

La desesperación como pecado

Viktor Frankl, fundador de la logoterapia, cree «que, en última instancia, en el fondo de toda desesperación no subyace nada más que idolatría» (Frankl, *Der Mensch*, 145 ss.). Dudo porque se ha destruido lo que he idolatrado, o se ha demostrado que era una ilusión. Con frecuencia, la desesperación se desencadena con el descubrimiento de las ilusiones que nos habíamos hecho sobre nosotros mismos. Esta quiebra no la tomamos como una oportunidad para reflexionar de manera realista sobre nosotros y para vernos como somos realmente. En la mayoría de los casos nos aferramos a las ilusiones, pero al mismo tiempo nos damos cuenta de que nunca las podremos alcanzar. Nuestro deber es despedirnos de las ilusiones y rechazar la idolatría. Eso es lo que consiguió Frankl en una mujer que había situado la maternidad como el valor absoluto y la idolatraba, sin que consiguiera hacerla realidad: «Solo cuando consiguió revertir esta idolatría, dejó de quedar expuesta a la desesperación» (*Ibídem*, 146).

Para Viktor Frankl, otra razón de la desesperación son las dudas sobre el sentido de la vida. Si la vida no tiene sentido, entonces solo se duda, entonces se está desesperado. Nada tiene sentido. Por eso, la curación de la desesperación consiste en encontrar un sentido a la vida. Precisamente uno de los retos del sufrimiento, a pesar de todo el sinsentido, es encontrar un sentido. Así, el sufrimiento no es esencialmente un sinsentido. Recae en nosotros encontrar una razón al sufrimiento. Frankl habla del establecimiento de valores que pueden otorgar un sentido y un valor al sufrimiento. Frankl explica el caso de un médico con muchos años de experiencia que se dirigió a él porque no podía superar la muerte de su amada esposa. «Le pregunté al paciente con una grave depresión si había pensado en lo que habría ocurrido si él hubiera muerto antes que su esposa. "No tengo nada que pensar —respondió—, mi mujer estaría desesperada". Entonces solo tuve que llamar su atención sobre lo siguiente: "Ve usted lo que no ha tenido que sufrir su esposa, y es usted quien se lo ha evitado, pagando el precio de que ahora solo es usted el que tiene que llorar por ella". En ese mismo instante, su sufrimiento adquirió un sentido: el sentido de un sacrificio. ¡El destino no había cambiado en lo más mínimo, pero había cambiado el punto de vista!» (Frankl, *Der Mensch auf der Suche nach Sinn*, 86). Nuestro deber es encontrar en la desesperación que provoca el sufrimiento que nos acosa un sentido para nuestra vida. Con frecuencia eso lleva su tiempo. Al principio debemos soportar la desesperación, pero no nos podemos hundir en ella. Entonces, la desesperación se puede convertir en un pecado. En algún momento debemos reaccionar activamente mientras intentamos encontrar un sentido al sufrimiento. Si le damos un sentido, lo podremos soportar con mayor facilidad. En este aspecto, Frankl cita a Friedrich Nietzsche, que dijo: «Quién tiene un porqué para vivir soporta casi cualquier cómo» (Frankl, *Die Kunst, sinnvoll zu leben*, 27). Un sentido importante que encontramos en la vida consiste en que nos entreguemos, ya sea a un asunto o a las personas. Frankl escribe: el amor propio, la entrega y la abnegación «es el misterio de toda afirmación de la personalidad y nadie lo ha expresado mejor que Karl Jaspers cuando habla de la "falta de cimientos del ser humano que solo se basa en sí mismo", refiriéndose a la persona que "se convierte en persona solo cuando se entrega a los demás"» (Frankl, 161 ss.).

En la desesperación renuncio a la esperanza. Y la esperanza es una virtud divina, una actitud que nos regala Dios y que tenemos que practicar. Josef Pieper afirma que la desesperación es «el adelanto de la no realización» del sentido de la realidad. Josef Pieper, basándose en la filosofía tomista, ha descrito la desesperación como pecado y ha aportado citas interesantes de los Padres de la Iglesia. Así, decía Isidoro de Sevilla: «Desesperarse significa descender al infierno» (Pieper, 51). Y Pieper cita unas palabras de san Agustín: «Estas dos cosas matan el alma: la desesperación y la esperanza equivocada» (*Ibídem*. 51 ss.). Los desesperados afirman: «Terminaremos mal, nosotros y yo mismo» (*Ibídem*, 52). Quien duda de la vida eterna rechaza el carácter de camino de la existencia humana. En este sentido, Pieper cita a Pascasio Radberto: «La desesperación lleva al pie a salir del camino que es Cristo». Aquí Pascasio relaciona *spes*, «esperanza», con *pes*, «pie». Pieper ve en la desesperación una expresión de la esencia del pecado: «Rechazar la realidad. La desesperación es la negación del camino hacia la consumación» (*Ibídem*, 55). Y por eso Pieper considera que la desesperación es una «autonegación, una autodestrucción». «En la desesperación la persona niega radicalmente su anhelo, que es tan indestructible como ella misma» (*Ibídem*, 56). Por este motivo, Tomás de Aquino asegura que la desesperación es el pecado más peligroso. Amenaza la existencia de las personas, que están esencialmente unidas a la esperanza. En latín se dice: *Dum spiro spero*, «mientras respire, espero». La desesperación actúa sobre este principio fundamental. Renuncia a la esperanza. Y por eso puede decir Juan Crisóstomo: «El pecado no nos hunde tanto en el mal como la desesperación» (*Ibídem*, 56 ss.). El pecado nos puede llevar al arrepentimiento, pero la desesperación nos despoja de toda esperanza de volver atrás. Nos hundimos en la desesperación. Y esta desesperación provoca soledad. Así lo expresa la poetisa alemana Else Pannek (1932-2010): «Nunca estamos tan solos como en nuestra desesperación». La desesperación nos hunde en una soledad muy profunda. No le vemos ningún sentido a la vida, ni reconocemos a las personas que nos pueden ayudar.

El verdadero teólogo de la desesperación es Sören Kierkegaard, que estaba al borde de la desesperación cuando escribió su libro *La enfermedad mortal*. Drewermann describe de la siguiente manera la esencia de la desesperación según Kierkegaard: «Esto es la desesperación: preferir estar muerto y sufrir la vida, pero no poder morir, estar muerto en vida y aho-

garse con el hecho de no estar muerto» (Drewermann, 129).
Para Kierkegaard, estar desesperado es un pecado. La desesperación demuestra un maltrato con nosotros mismos, una
falsa imagen de nosotros mismos. Decimos que estamos desesperados cuando nos han arrebatado algo que queremos, por
ejemplo, la destrucción de nuestra casa o la muerte que nos
arrebata a una persona querida. Pero en realidad antes de eso
ya estábamos desesperados sobre nosotros mismos. Hemos
considerado que nuestra fuerza estaba en la casa o en la persona querida, pero no en nosotros mismos. Por eso Drewermann le plantea la siguiente pregunta al desesperado: «Ahora
se tiene que preguntar, ¿por qué ha creído que solo podría vivir por el cariño de cierta mujer, de cierto grupo, de cierta
amistad, etcétera? Aparentemente porque en realidad no se
conocía, porque en realidad no ha vivido por sí mismo, sino
que era vivido desde fuera y porque estaba volcado completamente hacia fuera en su vida» (Drewermann, 131). Por eso, la
desesperación por una pérdida muestra que en el fondo ya estábamos desesperados, pero que esta desesperación estaba
oculta bajo el afán constante de reconocimiento y éxito, o por
una actividad incesante. Esta es realmente «la tesis de Kierkegaard sobre el tema de la desesperación: que nadie se desespera por nada externo, que no sea él mismo, sino que siempre se
desespera de sí mismo; dicho de otra manera, que la *desesperación* es en el fondo siempre *un maltrato a uno mismo*»
(Drewermann, 132).

Pablo conoce otra desesperación. La describe en la Epístola a los Romanos 7. Pablo se desespera de sí mismo, porque no puede hacer el bien que pretende. «Porque no hago el bien que quiero, sino el mal que no quiero, eso hago» (Rom 7,19 ss.). Debido a esta experiencia, que Pablo tiene que aceptar en sí mismo, se desespera. Y por eso exclama: «¡Miserable de mí! ¿Quién me librará de este cuerpo de muerte?» (Rom 7,24). Pero Pablo no queda atrapado en la desesperación. Desespera por poder cumplir la Ley. Pero esta desesperación le lleva hacia Dios, y le permite comprender de una manera nueva el misterio de Jesucristo y de su muerte en la cruz. Por eso, inmediatamente después de la experiencia del fracaso, exclama: «Gracias a Dios, por Jesucristo nuestro señor» (Rom 7,25). Y un poco después: «Ahora, pues, ninguna condenación hay para los que están en Cristo Jesús, los que no andan conforme a la carne, sino conforme al Espíritu. Porque la ley del Espíritu de vida en Cristo Jesús me ha librado de la ley del pecado y de la muerte» (Rom 8,1 ss.).

Paul Tillich recuerda que la palabra inglesa para desesperación, *despair* significa «estar sin esperanza». «Refleja una situación en la que no hay salida» (*Sys* II, 84). La palabra alemana *Verzweiflung* expresa, en cambio, una duda radical, una duda que duda de todo. Tillich ve la razón de la desesperación en la separación de la persona de su verdadero ser y del Ser, en última instancia, de Dios. Siempre está unida al miedo, la culpa y la pérdida del sentido. «El tormento de la desesperación es la sensación de que uno es responsable de la pérdida de sentido de la propia existencia, y que debe soportar el conflicto con uno mismo. No se puede escapar, porque no se puede escapar de uno mismo» (*Sys* II, 84). Algunos creen que pueden escapar de la desesperación a través del suicidio. Pero el suicidio «no es una salida definitiva. No nos libra del juicio que procede del Eterno» (*Ibídem*, 85). Así, la persona intenta apartarse de la desesperación «mientras generaliza una seguridad o una certeza definitiva» (*Ibídem*, 83). Pero al mismo tiempo se está lleno de odio «contra aquellos que amenazan la falsa seguridad y la falsa certeza» (*Ibídem*, 83). Otra salida consiste en dejar de plantearse la cuestión del pecado. Pero eso conduce con frecuencia a la «intranquilidad, el vacío, el cinismo y la insensatez» (*Ibídem*, 83). Por eso, al final, se trata de seguir otros caminos para superar la desesperación.

Recuerda situaciones en las que te sentiste desesperado. Si no te puedes acordar de ninguna situación, mucho mejor, entonces deberías dar gracias por no conocer la desesperación. Pero puedes pensar en personas cuya desesperación has vivido. Me gustaría plantear solo dos ejemplos. Tú —u otra persona— estás desesperado porque tu esposa te ha abandonado. En principio es comprensible que surja el sentimiento de la desesperación. Tienes la sensación de que tu mujer te ha quitado el suelo

bajo los pies. Has construido tu vida alrededor del amor
a tu esposa. Ahora ha desaparecido el fundamento de tu
vida. En este momento reflexiona si se pueden aplicar
las dos afirmaciones de Viktor Frankl y Sören Kierkegaard. 1. Según Viktor Frankl te puedes preguntar si has
idolatrado la relación con tu mujer, si has construido
toda tu identidad alrededor de esa relación. Entonces
sería importante que encontrases tu propia identidad.
Eras algo más que el marido de tu esposa. También eres
tú mismo. ¿Qué te sostiene? ¿Dónde encuentras unos
cimientos sobre los que te puedas levantar? ¿Quizá sea
la fe un terreno que te pueda sostener en medio de la
falta de cimientos? 2. Según Kierkegaard te deberías preguntar si tu desesperación ya estaba presente antes de la
pérdida, porque estabas desesperado contigo mismo,
porque en realidad no tenías una relación contigo mismo. ¿Solo te sentías cuando tenías a tu esposa a tu lado,
cuando sentías su amor? ¿Te habías convertido en un
extraño para ti mismo? ¿Tenías realmente una relación
contigo mismo?

Plantear estas cuestiones hace daño, pero te pueden sacar
lentamente de la desesperación y ponerte en contacto
con lo más profundo de tu alma. Allí eres totalmente tú
mismo. Allí no te puede herir nadie, tampoco tu esposa

a través de los reproches que te hace ahora, mediante
la desvalorización de que ahora eres una carga para
ella, etcétera. Intenta llegar al fondo interior del alma
a través del dolor de la desesperación y entrar en contacto contigo mismo. A partir de ahí, la desesperación se
irá disipando lentamente.

El otro ejemplo: sufres una enfermedad incurable. Sabes que la enfermedad sigue avanzando y que acabará
con una muerte cercana. Estás desesperado porque tu
vida llega a su fin. Estás desesperado porque no estarás
aquí para tu familia, porque dejarás en la estacada a tus
hijos y a tu esposa. Y estás desesperado porque parece
que nada tiene sentido. Aún querías hacer tantas cosas, tenías tantas ideas. Ya no las podrás hacer realidad.
Pero también en este caso te deberías plantear las dos
cuestiones de Viktor Frankl y Sören Kierkegaard: ¿he
idolatrado mi salud, mi trabajo, mis actividades, mi familia? ¿Me he definido demasiado desde fuera? ¿Cómo
puedo encontrarle un sentido a mi vida limitada, cómo
se lo puedo encontrar a mi enfermedad? ¿En mi enfermedad aún puedo encontrar un atisbo de esperanza y del
amor a este mundo? ¿En mi enfermedad aún puedo ser
una bendición para mi familia? Estas preguntas no ha-
rán que desaparezca la desesperación, pero si te las

planteas una y otra vez, relativizarás la desesperación. Y a veces en medio de la desesperación florece la esperanza, la esperanza de que tu vida —como fue y es ahora— es buena y que en tu persona, con tu enfermedad ahora, es una bendición para todos los que se encuentran contigo.

11. La desesperación como experiencia humana básica

Cuando reflexionamos sobre la desesperación, no podemos obviar el grito de Jesús en la cruz: «Dios mío, Dios mío, ¿por qué me has abandonado?» (Mt 27,46). Jürgen Moltmann, en su conocido libro *Der gekreuzigte Gott*, ha descrito el abandono de Dios como rasgo definitorio de la muerte de Jesús: «Solo cuando comprendemos el abandono de Dios y Padre, cuya cercanía difundió de manera inigualable, misericordiosa y festiva, entendemos lo extraordinario de su muerte. Junto con la comunidad inigualable con Dios de su vida y de su obra, Jesús murió en un abandono inigualable de Dios» (Moltmann, 142). Esto es con toda seguridad un aspecto de la muerte de Jesús: su sensación de haber sido abandonado por Dios. Sin embargo, no debemos dar un valor absoluto a este abandono y a la desesperación a causa de este abandono. Porque Jesús dirigió estas palabras a su Padre.

Pinchas de Lapide señala que este grito de Jesús no fue una última desesperación. En primer lugar, Jesús dirigió a Dios este grito desesperado. No gritó su desesperación al vacío. En segundo lugar, Pinchas de Lapide indica que en la introducción de este versículo aparece *legon*, lo que es un indicio típico de que Jesús recitó todo el Salmo 22. Primero dice Mateo que Jesús gritó, pero después habla del *legon*. Pronunció esas palabras, recitó esos versículos. Pero debemos escuchar más allá de la desesperación de Jesús. Había actuado a partir de Dios. Pero ahora parece que todas las personas lo han rechazado y abandonado. El Salmo 22 refleja esta necesidad interior. No obstante, a medida que Jesús pronuncia esta necesidad ante Dios, queda transformada. Jesús clama: «Mas soy gusano, y no hombre; oprobio de los hombres y despreciado del pueblo. Todos los que me ven me escarnecen; estiran la boca, menean la cabeza» (Sal 22,8 ss.). Pero entonces se dirige de nuevo al Padre: «Pero tú eres el que me sacó del vientre; el que me hizo estar confiado desde que estaba a los pechos de mi madre. Sobre ti fui echado desde antes de nacer; desde el vientre de mi madre, tú eres mi Dios. No te alejes de mí, porque la angustia está cerca; porque no hay quien ayude» (Sal 22,10-12). Solo Dios se digna a ayudarle. Y después de describir de nuevo su necesidad y su abandono, Jesús exclama en la cruz su confianza en Dios: «Anunciaré tu nombre a mis hermanos; en medio de la congregación te alabaré. Los que teméis al Señor, alabadle; glorificadle, descendencia toda de Jacob, y temedle vosotros, descendencia toda de Israel. Porque no menospreció ni abominó la aflicción del afligido, ni de él escondió su rostro, sino que cuando clamó a él, lo oyó. De ti será mi alabanza en la gran congregación; mis votos pagaré delante de los que le temen» (Sal 22,24-26).

De esta manera, Jesús nos muestra un camino para superar nuestra desesperación. Dejemos que el sentimientos nos llene y gritarlo ante Dios. Pero tendremos la esperanza de que Dios transforme nuestra situación desesperada, que nos salve de la circunstancia sin esperanza. Jesús sigue ahí totalmente la tradición judía. Los judíos experimentaron un sufrimiento sin límite durante el Holocausto, pero muchos se mantuvieron firmes en su Dios. Expresaron su sufrimiento y su abandono con los Salmos, pero nunca desesperaron de Dios. Simplemente no comprendieron la voluntad de Dios, pero siguieron firmes en la fe de que Dios los iba a justificar de alguna manera, como se repite continuamente en los Salmos.

Friedrich Nietzsche se desesperaba con su fe. Por un lado, estaba fascinado por Jesús y no se pudo librar de él durante toda su vida. Veía en Jesús la unión de todos los opuestos. Nietzsche estaba decepcionado por el cristianismo impotente. Por eso intentó con todas sus fuerzas convertirse en un buscador religioso más allá del cristianismo. Pero eso lo condujo en última instancia a la desesperación y al derrumbe psíquico. Sin embargo, en su desesperación tuvo un atisbo de que Dios era su último sostén. En su desesperación se volvió hacia Dios. Por eso nos han llegado estas palabras: «Donde se unen desesperación y anhelo, se encuentra la mística». Se trata de una frase sorprendente. Puedo sentir la desesperación, pero no me puedo instalar en la desesperación, o dejar que me siga hundiendo. La desesperación necesita del polo opuesto del anhelo. El anhelo pertenece a la esencia de la persona. Según Agustín, la persona es en esencia alguien que anhela. Anhela amor, seguridad, hogar, pero también éxito y reconocimiento. En el anhelo de cosas terrenales —según opina Agustín— se esconde siempre un anhelo de lo absoluto, de Dios. Por eso es válido unir esos dos polos: desesperación y anhelo. Si consigo soportar esa tensión entre desesperación y anhelo, entonces resultará la mística, entonces podré entrar en Dios y sabré lo que significa ser uno con Dios. La desesperación destroza mi ego, el anhelo tensa mi alma para alcanzar a Dios. Por eso, la unión de desesperación y anhelo me puede conducir a lo más profundo del amor de Dios. En ese caso no poseo a Dios, pero me atrevo a saltar en su interior, con la esperanza de que la desesperación se transforme en el seno de esta nueva seguridad. Más allá de toda desesperación experimento un lugar en el que puedo vivir. Se trata del lugar de la mística. Sin embargo, no se trata de un lugar en el que me pueda instalar, sino que siempre se trata de un presentimiento de que más allá de todas las contradicciones y las oposiciones, más allá de la duda y de la desesperación, existe una unidad que une todos los opuestos. Nietzsche experimentó en Jesús esta unidad a pesar de todos los sucesos. En la mística presentimos algo de esta unidad más allá de todas las oposiciones.

La desesperación puede impulsar a la persona a «dirigirse totalmente a Dios». Los Salmos de súplica muestran que la desesperación «se puede convertir en el principio de una nueva vida con Dios» (Seigfried, *LexSpir*, 1058). Precisamente, en el punto donde ya no sé seguir adelante, cuando he tocado fondo, puedo transformar la experiencia del vacío en la experiencia de la plenitud, y la desesperación, en una nueva confianza, en una nueva seguridad. Peter Wust lo formula de la siguiente manera: «Entonces aparece como la seguridad definitiva lo que al principio parecía como la inseguridad completa» (Wust, 292). Y cita el pensamiento de Orígenes, «que la humanidad no puede soportar la cercanía continua de Dios y que la lejanía de Dios, que trae consigo una época con una cultura secularizada, le permite conocer de nuevo lo pobre que se vuelve sin Dios» (*Ibídem*, 291). Así, Orígenes dota de un sentido positivo el abandono de Dios, la desesperación ante Dios. Está convencido de que a veces esta desesperación es conveniente para que volvamos a sentir lo que somos sin Dios y qué seguridad nos puede regalar Dios.

Hermann Hesse ha visto ese efecto positivo de la desesperación que nos empuja hacia la gracia de Dios. Así, escribe en una carta que el camino en la lucha por el bien termina inevitablemente en la desesperación, «sobre todo con la perspectiva de que no existe una realización de la virtud, una obediencia completa, un servicio satisfactorio, que la justicia es inalcanzable, que la bondad es irrealizable. Esta desesperación conduce al hundimiento o a un tercer reino del espíritu, a experimentar una situación más allá de la moral y de la justicia, un avance hacia la gracia y la salvación, hacia una forma nueva y más elevada de irresponsabilidad o, en resumen, a la fe» (Hesse, 389). Solo cuando en nuestros esfuerzos por llevar una vida según la voluntad de Dios llegamos a la conclusión de que nunca conseguiremos transformarnos, intuimos lo que significa tener fe, que nos tenemos que dejar caer completamente en los brazos de Dios para que podamos confiar en él. La desesperación conmigo mismo me conduce en última instancia a Dios. Me dejo caer en los brazos de Dios. Y experimento que Dios me sostiene y me regala la gracia de vivir los valores de la «humanitas», de la humanidad, no por mis propias fuerzas, sino por la gracia y el espíritu de Dios.

Una experiencia similar la tuvo el monje trapense francés André Louf. Explica que el ascetismo puede llevar a la persona a la desesperación porque no puede alcanzar lo que se ha propuesto. Pero precisamente en ese momento conocemos lo que es la gracia de Dios. La gracia de Dios nos conducirá hacia lo más hondo, a tocar fondo. «La prueba espiritual decisiva de su vida lleva al monje al borde de la desesperación, ante la ola de posibilidades de perder la razón. Puede llegar tan lejos si la gracia no consigue rescatarle de su más profunda debilidad. Esto no es sorprendente; cuando se derrumban los muros del falso valor y de la falsa perfección, entonces de repente todo es posible en lo nuevo» (Louf, 31). Cuando se destruyen los ideales a los que se ha aferrado el monje hasta ese momento, no le queda nada más que entregarse a Dios. La desesperación consigo mismo debería empujar al monje a entregarse incondicionalmente a Dios y a confiar en la gracia de Dios.

Medita sobre el pasaje en la segunda Epístola a los corintios en el que Pablo escribe sobre su desesperación consigo mismo (2 Cor 12,7-10). Pablo padecía una enfermedad que lo humillaba. Quería ser un buen apóstol y predicar con fuerza el mensaje de Jesús entre los corintios, pero un enviado de Satanás, según escribe, le ha clavado un aguijón en la carne. Los exegetas especulan de qué enfermedad se trata. Se han planteado muchas opciones: epilepsia, trigémino, migraña, etcétera. Pero, en definitiva, no lo podemos saber. Eso no es malo porque así nos podemos identificar con él. Es posible que conozcas la situación: te gustaría destacar en el trabajo y mostrarte confiado ante tus colegas, pero tienes una enfermedad, que provoca que siempre aparezcas debilitado. O como terapeuta te gustaría acompañar a los demás y transmitirles seguridad y confianza, pero ahora padeces una depresión, que te roba mucho tiempo. Te gustaría transmitir tu fe a los demás, pero estás lleno de dudas. O muestras una debilidad psíquica e inseguridad cuando hablas de la fe. Y piensas: «¿Qué van a pensar de mí los demás cuando hablo de la fe y la confianza, teniendo problemas psíquicos, que los demás perciben como inseguridad y sudores?».

Pablo le rezó tres veces a Cristo para que lo librase de esa enfermedad, para que pudiera predicar el evangelio con mayor fuerza de convicción. La triple petición recuerda la oración angustiosa de Jesús en el Monte de los Olivos. Allí, Jesús le pidió a Dios tres veces que apartara de él el cáliz del sufrimiento, pero Dios no apartó el cáliz. Solo envió a un ángel para fortalecer a Jesús en medio de sus temores. Y así le dice Jesús a Pablo: «Bástate mi gracia; porque mi poder se perfecciona en la debilidad» (2 Cor 12,9). Pablo estaba desesperado. Todos los intentos para librarse de su enfermedad, la oración, la espiritualidad, la fe en la fuerza sanadora de Jesús, no habían servido de nada. Jesús no elimina su desesperación, sino que le señala que es el camino para confiar totalmente en la gracia de Dios. Pablo puede ser débil, estar enfermo. No debe luchar contra eso, sino utilizar la desesperación con su enfermedad como trampolín para saltar dentro de la gracia de Dios.

12. Observación final

Hemos visto que la duda y la desesperación no son solo un fenómeno religioso, sino también un problema psicológico. La duda forma parte de la esencia de la persona. Sin la duda, la humanidad no se seguiría desarrollando, las ciencias quedarían estancadas y no seguirían buscando nuevos conocimientos. Y hemos visto que muchas personas dudan de sí mismas, que están inseguras de su ser y que dudan de sus parejas. No se trata de suprimir las dudas o de aplastarlas, sino de asumirlas y dialogar con ellas. De esta manera, nos pueden llevar a un punto de vista nuevo sobre nosotros mismos y sobre nuestra pareja.

Un tema importante es la relación entre fe y duda. Nos hemos centrado sobre todo en este tema. Queramos o no, las dudas aparecen una y otra vez incluso en las personas creyentes. No nos tienen que asustar, sino considerarlas como un desafío para tomar partido de nuevo por la fe. Al mismo tiempo, las dudas nos obligan a limpiar nuestra fe de todas las proyecciones y fantasías. Ese es el reproche de los racionalistas, que con la fe nos imaginamos cosas para que podamos vivir mejor. La fe es con toda seguridad un modelo de comprensión que nos permite vivir de una manera mejor y, sobre todo, afrontar las situaciones difíciles en nuestra vida, como la enfermedad y la muerte. Pero la fe no es una ilusión; tiene fundamentos. La duda nos invita a justificar continuamente nuestra fe ante nuestra razón. Y al mismo tiempo, la duda nos muestra algo esencial de nuestra fe: la fe no está en contra de la razón, pero supera a la razón. Y creer es, en última instancia, también un acto de voluntad. Me decido por la fe a pesar de todas las inseguridades que provoca cualquier decisión. Pero a medida que me decido por la fe, crece en mí la confianza de que es la decisión correcta. Y la confianza crece sobre un terreno sólido que me sostiene en mi vida. Y por eso tengo la esperanza de que mediante todas las dudas que no reprimo, sigo creciendo en una certeza en la fe, en una confianza en Dios, que es la única realidad y que hace posible que viva plenamente mi ser.

En el tema de fe y duda se trata, en última instancia, de algo más que un análisis racional de la duda. Al final, la duda nos empuja hacia un camino místico. Cuando tenemos con la fe una experiencia profunda de unidad con Dios, con nosotros mismos y con todo el mundo, entonces hemos superado las dudas. Sin embargo, esta superación solo es posible cuando pasamos a través de la duda y llegamos hasta lo más profundo de nuestra alma. En el fondo de nuestra alma se encuentra un lugar más allá de toda duda, más allá de toda contradicción,

más allá de las posibilidades duales, que se nos plantean constantemente. Cuando experimentamos en el fondo de nuestra
alma la unidad con todo, entonces hemos llegado al lugar donde no puede entrar la duda. Pero no nos podemos instalar en
este espacio interior. A veces lo podremos experimentar, con
frecuencia solo anhelar. Pero incluso cuando solo lo podemos
anhelar, reconocemos que existe un camino para superar las
dudas: la senda mística, como nos la muestra el cristianismo,
y como también nos presentan otras religiones.

Existen muchos tipos de dudas. La duda absoluta conduce a la
desesperación. También la desesperación es un fenómeno que
experimentan en propia carne muchas personas a lo largo de
su vida. La desesperación puede conducir a una quiebra interior, a veces hasta el suicidio. Pero también puede ser un desafío para profundizar en el interior y encontrar un espacio de
seguridad y de sostén. La desesperación puede ser un desafío
espiritual para despedirnos de todas las «idolatrías», como las
llama Viktor Frankl. La desesperación nos demuestra que un
cimiento importante sobre el que hemos construido nuestra
vida ha desaparecido. Cuando dejamos que este suelo desaparezca, tenemos la oportunidad de cavar más hondo hasta encontrar una superficie que no se puede romper, el fondo del
alma, en el que somos uno con Dios.

Por eso, deseo a todos los lectores y lectoras que afronten con
claridad y sinceridad las dudas que se les planteen, dudas so-

bre sí mismos, dudas sobre otras personas y dudas sobre la fe, les deseo que no rechacen las dudas, sino que las acepten como un desafío para tener una relación más estrecha consigo mismos y crecer en la fe. Les deseo que las dudas les conduzcan a una fe que los sostenga. Les deseo que en esa fe puedan experimentar una certeza en la fe, un terreno firme que no les pueda quitar ninguna duda. La reflexión sobre la duda nos permite profundizar en el misterio del ser humano y en el misterio de Dios. Y por eso les deseo que en todas las dudas, en todas las divisiones, en todas las posibilidades excluyentes, descubran en su interior un terreno en el que se ha superado la división y la dualidad, y que en la unidad descubran en su interior un lugar más allá de cualquier duda.

Bibliografía

Beiner, Melanie, «Zweifel», en *Theologische* Realenzyklopädie (TRE), vol. 36, 767-772.

Cioran, E. M., *Werke*, Frankfurt, 2008.

Dirks, Walter, *Die Wette. Ein Christ liest Pascal*, Friburgo, 1981.

Drewermann, Eugen, *Psychoanalyse und Moraltheologie*. Vol. 1: *Angst und Schuld*, Mainz, 1982. [Versión en castellano: *Psicoanálisis y teología moral*. Vol. 1: *Angustia y culpa*. Bilbao, 1996].

Frankl, Viktor E., *Der Mensch auf der Suche nach Sinn*, Viena 1959. [Versión en castellano: *El hombre en busca de sentido*. Barcelona, diversas ediciones].

—, *Die Kunst sinnvoll zu leben Bericht über die Jubiläumstagung zum 90. Geburtstag von Viktor Frankl*. Viena, 1997.

Fries, Heinrich, «Einheit», en: HthG, Múnich, 1962, 259-269.

Geissler, Heiner, *Kann man noch Christ sein, wenn man an Gott zweifeln muss?* Berlín, 2017.

Louf, André, *Demut und Gehorsam bei der Einführung ins Mönchsleben*, Münsterschwarzach, 1979.

Merton, Thomas, *Asiatisches Tagebuch*, Zurich, 1987. [Versión en castellano: *Diario de Asia*. Madrid, Trotta, 2000].

Moltmann, Jürgen, *Der gekreuzigte Gott*, Múnich, 1972. [Versión en castellano: *El Dios crucificado*. Salamanca, Sígueme, 2010].

—, «Leiden/Theodizee», en: *Lexikon der Spiritualität*, Friburgo, 1988, 775-782.

Pieper, Josef, *Über die Hoffnung*, Múnich, 1949.

Tillich, Paul, *Systematische Theologie*, Vol. II, Stuttgart, 1958. [Versión en castellano: *Teología sistemática*. Vol. II, Salamanca, Sígueme, 2012].

—, *Systematische Theologie*, Vol. III, Stuttgart, 1966. [Versión en castellano: *Teología sistemática*. Vol. III, Salamanca, Sígueme, 2014].

Wust, Peter, *Gesammelte Werke*, vol. IV: *Ungewissheit und Wagnis*, Münster, 1965.

editorial **K**airós

Puede recibir información sobre
nuestros libros y colecciones inscribiéndose en:

www.editorialkairos.com
www.editorialkairos.com/newsletter.html
www.letraskairos.com

Numancia, 117-121 • 08029 Barcelona • España
tel. +34 934 949 490 • info@editorialkairos.com